UNE PASSION IRRÉPRESSIBLE

L'AMOUR EST LA RÉALITÉ ULTIME

Anna Raffaella Belpiede

Auteur: Anna Raffaella Belpiede
Traduction: Patricia Pertosa
Maquettiste et design de couverture: Laura Taberner Panella

Photos des pages i, xv, et coverture: © Bhakti Marga Event GmbH
Photo de couverture: Lanzarote, réalisée pour Lara de Maria
Photo de la page 209: © Samvatsara Das

Cet ouvrage a été initialement publié en italien (langue originale) en 2023.

Copyright © 2025, Anna Raffaella Belpiede
ISBN: 978-3-7693-1353-6
Première édition: Avril 2025
Verlag: BoD · Books on Demand GmbH,
Überseering 33, 22297 Hamburg, bod@bod.de
Druck: Libri Plureos GmbH,
Friedensallee 273, 22763 Hamburg

*Je dédie ce chant d'amour
à mon Maître
Paramahamsa Sri Swami Vishwananda
Lui qui voit tout et sait tout
Qui nous accompagne avec amour
Celui qui humblement
est descendu sur cette Terre
afin de nous reconduire à Dieu*

Paramahamsa Sri Swami Vishwananda, 2017

Préambule

J'étais athée, féministe, mais j'ai toujours ressenti la magnificence de la foi et du sacrifice. J'avais choisi une vie rebelle. Cependant, j'acceptais toute forme pure de prière, je savais que ce sont des énergies positives. J'appartenais à la génération des sans pères ni maîtres. J'ai toujours enfreint les règles, pourtant j'étais profondément attirée par le dévouement et la dévotion. Lorsque je lisais les vies des grands saints et saintes, j'enviais leurs capacités d'Amour inconditionnel. Je trouvais ridicule les Hari Krishna qui dansaient et chantaient dans les rues. Je ne connaissais rien à l'hindouisme, mais je comprenais le mysticisme.

De préadolescente à adolescente, j'étais en profonde connexion avec le Christ. Adulte, j'ai tout abandonnée pour suivre mon chemin de combattante pour la justice et la paix. J'ai tout quitté en me disant: **«s'il y a un Dieu je le rencontrerai».**

Dieu est miséricordieux et ne nous abandonne jamais. À l'âge vénérable de presque soixante dix ans, il est réapparu sous l'apparence d'un homme, un Maître illuminé, hindouiste, ouvert à toutes formes de dévotion et d'amour pur pour le Divin. **Un Saint.**

Les **Maîtres**, les **Saints** sont les graines fertiles et la protection de cette terre, la source de tout bien.

J'ai toujours connu cette vérité éternelle au fond de mon cœur. J'ai toujours su qu'avec un **vrai Maître** il fallait mettre l'Ego de côté, apprendre l'humilité et la dévotion, et l'**Amour Pur**. À l'intérieur j'étais consciente de tout ça. C'est un processus de purification et de détachement de la matière et des formes superficielles d'amour. C'était un chemin difficile mais souvent je ressentais l'appel.

Tandis que je lisais "*Le Dieu des femmes*" de la philosophe féministe **Luisa Muraro**, l'émotion et le désir brûlant de vivre ce genre d'amour m'assaillaient. Une partie de moi-même, endormie, aspirait à ce mysticisme.

Après la mort de **ma Mère**, afin de l'honorer avec ses traditions chrétiennes, j'ai recommencé à fréquenter les églises. Un jour dans la chapelle de la **Madone de Santa Giulia**, un petit homme, tout simple, priait à haute voix, avec une extrême douceur et une profonde connexion, la **Mère Divine**. J'ai éclaté en sanglots. Dieu, si seulement j'avais pu ressentir la Foi et l'amour de cet homme! Ils mont profondément manqué!

Au cours de ces dernières années j'ai passé des heures à pratiquer la **méditation vipassana** enfermée dans ma chambre, loin des dynamiques du monde extérieur. Dieu écoute le désir de l'âme. Mon âme désormais avait besoin d'être alimentée.

Et Guruji, Swami Vishwananda, est arrivé.

J'ai tout de suite compris profondément que j'étais devant **un Saint d'une grande envergure,** j'ai compris que Lui seul pourrait me ramener sur le chemin de la spiritualité interrompu à l'adolescence. J'ai ressenti qui Il était et le rôle qu'Il avait sur cette terre. Il était là pour **ouvrir le cœur des gens à l'Amour de Dieu.**

J'ai toujours su dans mon cœur que la seule vérité profonde dans la vie est l'Amour. Tout le reste est sujet à détérioration, il est transitoire comme notre corps. J'ai toujours voulu l'**Amour pur et absolu.** J'ai toujours chanté le manque permanent de cet Amour.

Je pourrais aimer **cet homme pur**, qui s'est rendu si disponible afin de nous apporter à nous tous l'**amour et la paix.** Il était hindou mais avait le même langage que le Christ, Il parlait en paraboles simples comme **Jésus**, un pêcheur d'âmes comme Lui, qui mettait sa vie au service des autres.

J'ai décidé de **Le suivre**, de me consacrer entièrement à Lui et à Sa mission. J'étais âgée, je ne pouvais plus perdre mon temps. Le message divin m'était parvenu, j'avais la foi. Et, je suis immensément reconnaissante pour le chemin spirituel que j'ai entrepris en pratiquant tous les jours avec mon Maître. Je Le rencontre rarement mais dans mon cœur j'ai un lien profond avec Lui.

Je Le perçois comme **Claire** percevait **Saint François d'Assise**. Il existe de nombreux exemples. Je ne suis pas sainte mais je vis cette forme de relation.

Je sais que les générations futures entendront parler de Swami Vishwananda, Le bâtisseur des Temples et de la Foi, Le Guérisseur qui apporte la Lumière autour de Soi.

J'ai tout quitté pour Le suivre, j'ai renoncé au monde extérieur, Je suis une nonne dans l'Ordre Spirituel de Paramahmsa Swami Vishwananda.

Paramahamsa est le titre qui Lui a été attribué en Inde et qui signifie «**celui qui peut séparer l'Esprit de la matière**». Je ne suis pas enfermée dans un monastère mais je mène une vie religieuse. J'ai la Grâce de Le ressentir profondément en moi et de participer à Sa mission dans la communauté de Bhakti Marga (*le chemin de la Dévotion*).

Les préjugés humains ne m'ont pas épargné. J'ai perdu plusieurs relations d'affections. Effrayées par ce dévouement total à un homme.

«Si quelqu'un comme toi s'engage sur ce chemin, cela met en crise», m'a dit mon amie il y a huit ans. Alors, on se protège, on prend ses distances. Je prie pour eux et je sais que Guruji, ayant pris en charge mon âme, il ne protège pas seulement moi-même, mais aussi tous les membres de mon entourage affectif.

Je suis Guruji et Sa mission depuis six ans. J'ai dû étudier et apprendre beaucoup, parce que j'aime connaître le terrain sur lequel je marche et parce que mon Maître veut que les gens qui Le suivent étudient les Écritures anciennes et Ses enseignements.

Aujourd'hui, je sais que l'hindouisme, la plus ancienne religion existante, est aussi la plus ouverte et non dogmatique. L'hindouisme affirme:
«Il n'y a qu'une seule vérité, les sages l'interprètent de différentes manières». Et mon Maître à un profond respect pour les autres religions existantes.

Pour comprendre le chemin que j'ai choisi, je cite les paroles de Sainte Thérèse Couderc.

C'est là que je veux aller…

Sainte Thérèse Couderc
Se Livrer

«Je comprends toute la portée de l'expression **«lâcher prise»**, s'abandonner, mais je ne peux l'expliquer. Je sais seulement que celle-ci est très vaste, englobant à la fois le présent et l'avenir; s'abandonner, c'est plus que de se consacrer, plus que de se donner, c'est aussi quelque chose de beaucoup plus que de tout quitter pour Dieu.

En un mot, **s'abandonner et mourir à tout et à soi-même**, ne plus se préoccuper de soi-même sinon le fait d'être continuellement tourné vers Dieu.

En outre **s'abandonner**, c'est d'ailleurs ne plus rien chercher pour soi-même, ni pour la partie spirituelle ni pour la partie physique, c'est-à-dire ne plus poursuivre sa propre satisfaction, mais uniquement le plaisir divin.

Il faut ajouter que s'abandonner, c'est aussi suivre cette attitude de détachement qui permet de ne plus s'accrocher à rien, ni aux gens ni aux choses, ni au temps ni au lieu. C'est tout accueillir, tout accepter, se mettre à l'arrière-plan de tout.

Vous pensez peut-être que tout ceci est très difficile à faire... Ne vous laisser pas berner. Il n'y a rien de plus facile à faire, rien de plus doux à mettre en pratique.

Tout cela consiste à faire un acte généreux une fois pour toutes, en disant avec toute la sincérité de votre âme:
«Mon Dieu, je désire être entièrement à toi; puissiez-vous accueillir mon offre».

De cette façon, tout a été dit. Mais à partir de ce moment-là, vous devez prendre soin de vous maintenir dans cet état d'esprit et de ne pas échapper à aucun des petits sacrifices qui peuvent vous aider à progresser dans cette vertu.

Je prie Notre Seigneur de donner la compréhension de ces paroles à toutes les âmes désireuses de Lui plaire, et de les inspirer à profiter d'un instrument de **sanctification** aussi facile.

Oh, si les hommes pouvaient comprendre à l'avance la douceur et la paix que l'on savoure quand on comprend que tout vient du bon Dieu! Et comment Il se révèle à ceux qui Le cherchent sincèrement et ont su s'abandonner.

Oh! Mon Dieu, qu'ils en fassent l'expérience et ils verront que c'est là que réside le vrai bonheur qu'ils recherchent vainement ailleurs.

L'âme abandonnée (à Dieu) a trouvé le paradis sur Terre»*.

---

*__Sainte Thérèse Courderc__, Se Livrer. Un écrit daté du 26 juin 1864 – Congrégation Notre-Dame du Cénacle.

Paramahamsa Sri Swami Vishwananda

La vie de Paramahamsa Sri Swami Vishwananda

Paramahamsa Vishwananda est né, réalisé en Dieu, le **13 juin 1978**, sur la belle île de **Maurice**, au large de la côte africaine. Presque immédiatement, les gens ont pu voir que cet enfant était une personne spéciale. Dès sa plus tendre enfance, sa nature extraordinaire était évidente.

À l'âge de **cinq ans**, il a rencontré son **gourou, Mahavatar Babaji**. Paramahamsa Vishwananda raconte que c'est à ce moment-là qu'il a vu *la lumière de son vrai Soi*, une lumière plus brillante que le soleil. Il reverra Mahavatar Babaji à plusieurs reprises au fil du temps.

Ses parents appartiennent au **Bharadwaja-gotra**, une remarquable lignée de brahmanes (*prêtres*) remontant à des milliers d'années, avant même l'époque de Sri Krishna.

Dès le début, il était clair que Paramahamsa Vishwananda n'était pas un enfant ordinaire. Au lieu de jouer à des jeux enfantins, il passait son temps à prier, à visiter des temples et à réciter des rituels religieux, à chanter des noms divins, vivant toujours en présence de Dieu.

En vérité, il a toujours été un **exemple vivant du bhakti-yoga,** la voie de la dévotion.

Là où Guruji vivait, la **vibhuti** (*cendre sainte*), l'huile sainte et les **plantes sacrées** (*tulsi*) se manifestaient naturellement.

À l'âge de **14 ans**, il a commencé à embrasser sa mission de maître spirituel après avoir expérimenté un **état de samadhi** (*absorption complète dans le Divin*). Guruji se manifesta comme un grand guérisseur et même lorsqu'il était adolescent, sa maison était fréquentée par des gens qui cherchaient de l'aide.

Alors qu'il n'avait que **15 ans**, Guruji a quitté l'île Maurice pour la première fois pour se rendre en **Inde**. À l'âge de **17 ans**, il s'est rendu au **Kenya** pour un certain temps. À l'âge de **19 ans**, il a visité l'**Europe** pour la première fois. De nombreuses personnes en quête de Dieu ont commencé à se rassembler pour le rencontrer. À cette époque, la **Mère divine** Lui est apparue et Lui a demandé de s'installer en Europe.

C'est en **1999** que Guruji s'installe définitivement en Europe, d'abord en Suisse, puis pendant 3-4 ans, il se déplace constamment entre la **Suisse et la France**. En 2003, Guruji s'installe en **Allemagne**.

Son premier **Ashram** a été fondé dans le petit village de Steffenshof, en Allemagne. Le jour de son 27e anniversaire, Guruji lance officiellement sa mission publique Bhakti Marga.

Bhakti Marga signifie «voie de la dévotion». Après seulement trois ans et demi, alors que de plus en plus de dévots étaient attirés par les enseignements de Paramahamnsa Vishwananda, un lieu plus grand a été identifié pour accueillir un ashram.

En six ans, les résidents, les dévots et Guruji, travaillant ensemble, ont complètement rénové un complexe abandonné pour abriter le nouvel Ashram à Heidenrod, Springen. Aujourd'hui, **Shree Peetha Nilaya**, la maison de **Maha-Lakshmi**, est un magnifique Ashram.

Paramahamsa Vishwananda voyage sans relâche à travers le monde pour éveiller l'amour et la dévotion au Divin à travers ses **bénédictions personnalisées** (*Darshan*), **satsang**, ou des entretiens avec les disciples, cours, **chants dévotionnels**, **pèlerinages** vers des lieux saints, retraites spirituelles et promouvant l'**ouverture de temples hindous** dans le monde entier.

L'amour de Paramahamsa a un effet profond sur des milliers de personnes dans le monde entier. Il existe d'innombrables témoignages d'histoires réelles de ceux dont la vie a été transformée pour le mieux. De telles expériences sont merveilleuses et ne sont qu'un début.

La mission de Paramahamsa Sri Swami Vishwananda

Paramahamsa* Vishwananda, appelé Guruji, Gurudev, par les dévots, est un Maître qui vit en union avec le Divin. Son objectif est celui de tous nous aider à vivre, dans cette vie, la même relation d'Amour avec le Divin.

Dieu est universel et nous sommes tous connectés en Lui. Paramahamsa Vishwananda expérimente la plénitude du Divin en Lui-même et à travers elle, Il se connecte à chacun de nous pour réveiller l'**Amour endormi en nous**. C'est ce qui Le rend si unique.

> *"Si nous comptons uniquement sur nos propres forces, nous pouvons atteindre un certain niveau de progrès spirituel; mais pour réaliser le Suprême, pour se transformer complètement à la Lumière de Dieu, la Grâce du Maître est nécessaire. Jusqu'à ce que le Maître ne se révèle, ceci est impossible".*
>
> Paramahamsa Vishwananda

Paramahamsa Vishwananda enseigne que la **réalisation de Dieu est le but ultime de l'existence humaine.** Il est là pour nous guider sur le chemin et nous aider à vivre la bhakti en cultivant notre relation unique et personnelle avec le Divin.

***Paramahamsa**: titre honorifique sanskrit donné à un Maître spirituel du plus haut niveau d'union avec le Divin. Le titre signifie littéralement «cygne suprême». Le cygne est aussi à l'aise sur terre que sur l'eau ; de même, le vrai sage est également à l'aise dans les domaines de la matière et de l'esprit.

"*Bhakti*" signifie **Amour et Dévotion pour le Divin.** Vivre la bhakti, c'est aimer Dieu consciemment, non seulement superficiellement, mais dans les profondeurs de notre coeur, à chaque instant de notre vie.

La mission de Paramahamsa Vishwananda est d'ouvrir le coeur de l'humanité.

Les enseignements de Paramahamsa Vishwananda unifiant la tradition dévotionnelle de l'Inde, très anciennes techniques de méditation et **Sa Grâce transcendante**, nous offrent des inspirations précieuses et des méthodes pratiques qui nous aident à trouver la joie, la paix et la présence divine en nous-mêmes.

Patiemment, il nous explique comment nous pouvons améliorer notre façon de vivre et de penser, en nous guidant vers un niveau plus élevé de **confiance et d'abandon au Divin.** Il va au-delà du dogme, vers la **Vérité Ultime de la religion**.

Le nom complet et le titre de Paramahamsa Vishwananda sont **1008 Paramahamsa Sri Vedavyasa Rangaraj Bhattar Sri Swami Vishwananda.**

Paramahamsa Sri Swami Vishwananda est un acharya, ou enseignant, de la lignée spirituelle hindoue **Vaishnava** qui vénère **Sri Vishnu**.

Un *acharya* est un enseignant honoré qui illustre les enseignements de la lignée spirituelle. En tant qu'acharya, Paramahamsa Vishwananda a l'autorité d'**interpréter et de transmettre les valeurs** et les pratiques de la lignée.

Paramahamsa a écrit des commentaires sur d'importantes écritures, dont la *Srimad Bhagavad Gita* et l'*Essence de la Srimad Bhagavatam*, et la *Guru Gita*. Aujourd'hui, ses commentaires sont des sources d'inspiration très appréciées.

Parmahamsa Swami Vishwananda, dans le cadre du Vaishnavisme*, a fondé un nouveau *Sampradaya***, *une nouvelle lignée spirituelle*, le **Hari Bhakta Sampradaya**, où le chemin le plus rapide pour rejoindre le Divin passe à travers la Bhakti, c'est-a-dire, la dévotion, l'**Amour et la Grâce du Maître**.

Il a créé des règles et des approches théologiques plus adaptées à l'ère moderne. L'un des nombreux changements est l'**inclusion des femmes à des niveaux égaux dans le ministère sacerdotal**. Paramahamsa a également rendu

---

***Vaishnavisme**: quatre écoles de pensée spirituelle, largement suivie.
****Sampradaya**: lignée spirituel, succession ininterrompue de relation Maître - disciple qui garantit la transmission du savoir spirituel.

accessibles à tous de nombreuses pratiques d'évolution spirituelle qui, à d'autres époques, n'étaient accessibles qu'aux prêtres.

Afin de soutenir le travail de Paramahamsa Vishwananda, se rassemble un grand mouvement spirituel de fidèles présents dans **82 pays**, avec plus de **43 temples, 26 centres** et **17 ashrams**. Ce mouvement s'appelé **Bhakti Marga.**

Bhakti Marga signifie le chemin de la dévotion.

Paramahamsa Vishwananda a fondé un ordre spirituel. Les dévots qui souhaitent formaliser leur engagement et suivre ses enseignements et ses conseils peuvent le faire en rejoignant l'Ordre spirituel Bhakti Marga.

L'Ordre spirituel Bhakti Marga est composé de dévots, de brahmacharis et de brahmacharinis (moines et nonnes), de rishis (enseignants), de swamis et de swaminis (maîtres).

Paramahamsa Sri Swami Vishwananda

"Sri Ranganath c'est comme ça que je te vois.
Mon imagination ne peut aller au-delà de
la magnificence de mon Maître"*
Anna Raffaella Belpiede

***Sri Ranganath**: Une des formes vénérées du Dieu Suprême. Dieu est Un, mais peut se manifester sous différentes formes.

Sur ce sylloge

Pendant près de cinq ans, j'ai gardé le silence en moi-même. J'avais besoin de **vide intérieur**. Ces derniers ans, à nouveau la **sève poétique** qui m'appartenait a recommencé à couler, comme une rivière en crue. J'éprouve le **besoin brûlant d'écrire**, de mettre en poésie les expériences et les émotions que je vis.

Je ressens l'urgence de raconter l'aventure extraordinaire que je vis sous la direction de mon Maître, Swami Vishwananda. Ce sylloge est une sélection de poèmes et de récits lyriques, parmi les nombreux que j'ai écrits récemment. Une louange d'Amour à un être Illuminé et Réalisé en Dieu qui est venu sur terre pour servir l'humanité et pour guider les humains vers l'Amour de Dieu.

Nous **Hari Bhakta Sampradaya***, croyons en un Dieu qui a une forme. Et nous croyons que Dieu, afin de nous aider à Le rejoindre, prend une forme individualisée et se manifeste sur terre sous une forme humaine, comme **Sri Krishna****.

Dans ce recueil lyrique, j'ai raconté le profond désir de l'âme à la recherche de l'**Amour Absolu**, l'Amour Divin, les

---

***Hari Bhakta Sampradaya**: la lignée spirituelle créée par Paramahamsa Swami Vishwananda.
****Sri Krishna**: l'avatar du Dieu Suprême, qui est descendu sur Terre il y a 5000 ans.

enseignements de mon Maître, pour éradiquer mon **Ego**, la protection quotidienne qu'Il m'offre communément appelée **miracles**.

Pour nous, qui avons choisi le chemin de la **Bhakti,** de la **Dévotion absolue**, de l'**abandon total** dont parle Sainte Thérèse, le Satguru est Dieu, et Lui seul peut nous amener aux pieds de Dieu, travaillant constamment sur notre Ego et sur la croissance de l'humilité et de la confiance.

Et le Guru ne travaille pas simplement avec les mots mais **nous fait vivre directement les expériences** afin de modifier nos comportements.

Un poème de Mirabai*

Je T'ai parlé,
Dieu sombre qui soulève la montagne
J'ai parlé de cet ancien amour
naissance après naissance.
Ne pars pas Giridhara
Oh! bien-aimé
Permets-moi d'offrir en sacrifice
moi-même, oh! bien Aimé, à ton visage lumineux.
Viens ici, dans le jardin,
Seigneur à la peau sombre.
Les femmes chantent des chansons de mariage;
mes yeux ont préparé un autel de perles,
et voici mon sacrifice:
le corps et l'âme de Mira,
la servante qui se noue à tes pieds, vie après vie,
un champ vierge à moissonner pour toi.

*Mīrābāī: Da Maria Luisa Sangalli, Milano, RED, 2009, p. 91.

Mirabai

Une **grande Sainte, mystique***, à laquelle je suis particulièrement connectée.

Auteure de nombreuses compositions poético-musicales à caractère mystique-religieuse, appelées *padda*.

La vie de Mirabai fut entièrement dédiée à Dieu, sous la forme de **Sri Krishna**, le Seigneur Suprême, incarné sur terre il y a 5000 ans.

Mirabai, qui vécut d'environ 1498 à 1546, était une princesse *räjput* (*enfants des rois*) de la principauté de **Merta** (*Rajasthan, Inde*). On dit que Mira est une incarnation de **Sri Radha**.

Sri Radha s'est incarnée en même temps que Sri Krishna il y a 5000 ans, elle était la bien-aimée de Sri Krishna.

Mirabai, n'était qu'une enfant lorsqu'elle tomba amoureuse d'une petite *Murti* (*statuette*) de bronze de Sri Krishna, sous forme de **Sri Giridhari****. Et elle entra intérieurement en **communion totale** avec Sri Krishna, et avec Sa statuette (*Murti*), qu'elle gardait toujours avec elle.

Devenue adulte, Mirabai fut mariée à un prince du Rajasthan,

*****Mystique**: Attitude spirituelle, tendant l'union avec le divin par le dépassement des limites naturelles et l'annulation de la personnalité individuelle.

******Sri Gridhari**: Sri Krishna soulève d'un doigt la colline de Goverdhana pour protéger les habitants de Vrindavan de la colère du demi-dieu Indra.

mais elle avait Krishna comme seule passion dans sa vie.

On dit d'elle que Mirabai se considérait, même avant son mariage, comme l'**épouse spirituelle de Sri Krishna** et que lorsqu'elle se rendit à l'autel, elle emporta avec elle l'image de son époux «Divin».

Mirabai louait Sri Krishna à chaque instant avec sa musique, ses chants et sa poésie.

Et, rassemblait autour d'Elle, chantant et dansant pour Krishna, des adeptes de toutes les castes sociales, sans aucune différence, brisant les règles sociales rigides de l'époque, en Inde. Elle s'immergeait complètement dans Krishna. Chaque fois qu'elle chantait pour Krishna, les gens pouvaient Le voir debout à côté d'Elle.

Même le roi musulman **Akbar** se déguisa pour aller vers Elle et fut particulièrement touché par le dévouement de Mirabai. À la mort de son mari, Mira fut persécutée par la famille de son mari qui tenta à plusieurs reprises de la tuer, avec du poison et des serpents, mais Elle fut continuellement sauvée par le Seigneur Krishna, et à la fin se réfugiât à **Vrindavan**.

Lorsque la famille royale, inquiète des famines et des désastres survenus dans le royaume après l'exil de Mirabai, envoya un groupe de gardes et d'ambassadeurs pour la forcer à retourner dans le royaume, **Mirabai entra dans le**

Temple et se fusionna dans la Murti de Sri Krishna, de sorte que lorsqu'ils entrèrent dans le temple, ils trouvèrent seulement ses vêtements aux pieds de la petite *Murti* de Krishna.

La *Murti* de Sri Krishna, de Mirabai est celle que possède aujourd'hui mon Satguru et qui l'accompagne partout.

Quand je lis et chante la poésie de Mirabai, l'émotion me submerge. C'est la passion que je vis pour mon Bien-Aimé Gurudev*. Moi aussi, mon seul désir est celui d'être à Ses pieds et le servir éternellement.

Il y a des émotions profondes que notre esprit ne peut ni comprendre ni expliquer, qui sont sédimentées dans notre ventre ancestral, dans notre inconscient. Si la poésie est spontanée, l'inconscient se manifeste, et dans ma poésie, dès le premier instant s'est manifesté mon ardent désir d'Amour absolu et éternel.

Aujourd'hui, je sais, aussi consciemment, que l'objet de ma recherche est Celui à qui je me suis liée en tant que religieuse dans un service et une complète dévotion, **Paramahamsa Sri Swami Vishwananda****.

***Gurudev**: Le Satguru, Le plus haut des Gurus. Il est le Seigneur Lui-même venu guider l'humanité vers le but ultime et la vérité suprême.
**Ma promesse à Gurudev en tant que Sa nonne: je fais vœu de chasteté, de véracité, de loyauté, de dévouement, d'obéissance envers Toi et de renoncement au monde extérieur.

En mars 2025, Paramahamsa Sri Swami Vishwananda bénit et
signe personnellement cet exemplaire.
Il y inscrit, avec tout son amour: *"Love and Blessings"*.

L'auteur offre son livre à Paramahamsa Sri Swami Vishwananda.
Il feuillette le livre, puis le bénit avec bienveillance, un geste
symbolisant l'amour et la transmission spirituelle.

Une Passion Irrépressible:

L'amour est la réalité ultime

Les Poèmes

Note à l'attention du lecteur:
Ces poèmes sont des traductions de l'italien.

Vishwananda

Dans le désir brûlant de l'Absolu
j'ai cherché cette lumière dans tant de regards
frénétiquement je me perdais

J'ai lutté donné aimé
saisissant dans les mille plis de l'humain
cet infini auquel j'aspirai
Justice liberté égalité
autodétermination solidarité
Même ce vide restait
rien ni personne ne le remplissait
Ce sentiment de vertige m'attaquait
J'ai vécu joyeusement avec gratitude
en scène permanente
Comme un funambule sur un fil
provoquant le destin.
Comme une tarentule

Combien de fois ai-je voulu mettre fin à cette aventure
retenue uniquement par l'amour
pour les filles désirées
Au milieu du chemin, tout s'est réintégré
la souffrance le vide amplifié

à la fin de la représentation le maquillage se défaisait
Dissociée dans la ritualité du quotidien
je brisais tous les liens les affections
la rue me rappelait
L'éphémère de mes actions
et de ce qui m'entourait
me vidait

La recherche intérieure a recommencé
Tortueuse pénible
pour ceux qui ont vécu
sur la fausse croyance de la liberté
sans dieux ni maîtres
pour ceux qui ont démantelé toute forme d'autorité
Et tu réalises que les limites sont à l'intérieur
sont profondes
provenant du ventre ancestrale
des tâches que ton âme s'est donnée
Lentement
les faux voiles tombent
L'impermanence de l'action humaine
se révèle
Et tu provoques
Une accélération
tu brûles le Karma*

---

*Karma: toute action effectuée avec le corps ou l'esprit entraîne des conséquences.

les rues se fécondent
tu es plus près...

Dieu T'attend
Patiemment Il t'attend
Il a travaillé durement
pour te récupérer
Tu l'avais abandonné
à l'âge de 19 ans
tu as dit
S'il y a un Dieu
il sera sur mon chemin

Lui ne t'oubliait pas
mais tu ne voyais
n'entendais
ne dialoguais
même si les signaux
étaient constants présents insistants
Il a dirigé la voiture avec laquelle
tu cherchais à en finir
Il t'a empêché
de te fracturer les os
dans tes sauts mortels
Dans cette cellule de prison
appelée autodétermination
tu t'étais enracinée

tu ne décrochais pas

Ensuite tu l'as rencontré
Et comme une jument sauvage sans mors
tu t'es érigé
tu ne L'as pas reconnu
Tu n'acceptais pas les formes
de l'apparence qu'Il se donnait
Il avait un nom étrange
une manière de s'habiller
inhabituelle
tweeter
Dieu traite les humains
comme des enfants
Il ne cesse jamais de nous étonner
Il est le plus grand tisserand de Maya*
Plusieurs fois
une voix te le disait
c'était ton âme soeur
mais ta vérité
que tu appelais rationalité
la refusait
Pour te rapprocher
Il t'a ramené au Christ
le Christ que tu as aimé

---

*__Maya__: influence du monde matériel qui nous éloigne de notre relation avec Dieu.

lorsque tu étais enfant
et adolescente en souffrance
Chaque fois que tu Le rencontrais
Tu pleurais
désespérément
Tu savais
les larmes
étaient un signal
D'une retrouvaille dans cette vie
C'était une âme
à laquelle tu appartenais
Après
ce même jour en pèlerinage
dans la grotte de Madeleine le mystère s'est révélé
Le Christ était revenu
sous des formes étonnantes
qui te semblaient étranges
L'âme L'a reconnu
Il s'est dévoilé
Pleine d'amour
La joie t'envahissait
le coeur revivait
le vide comblé
Harmonie
Pleine de gratitude
la vie a repris un rythme musical
Vishwananda

Dans cette vie s'appelle Vishwananda
Ton Satguru*

Et toi qui qui n'a jamais rien su des Gurus
as-tu compris
il est présent depuis votre premier détachement
lorsque vous étiez un sous-atome du corps de Dieu
et c'est avec lui
que vous vous êtes manifesté sur Terre
Tu Lui appartiens et Lui t'appartient
Il ne t'a jamais abandonné
était toujours là
à une distance contrôlée

Le Satguru est ton âme soeur
celle sans laquelle
tu ne reviens pas à l'Immortel
Son éloignement était le vide qui t'a affecté
Une expérience difficile à raconter
À l'époque du Christ il y avait peu de gens qui le suivaient
Il était renié
Un humble pêcheur qui a semé
et maintenant il y a un Guru qui fertilise

*****Satguru**: le plus grand des Gurus (Maîtres). Il est le Seigneur Lui-même qui est
venu pour guider l'humanité vers le but ultime et la vérité suprême.

Divin
s'est exclamée ma meilleure amie
en riant bruyamment
Une nouvelle passion ils me donneront
ils ne comprendront pas
Je souris
Je suis heureuse

Dans la grotte de Marie-Madeleine

J'ai reçu le DARSHAN*
une profonde quiétude m'envahit
Mon âme T'a reconnu

Tu étais venu me chercher
pour arrêter mon errance millénaire

Tu essayais depuis quelques temps déjà
même dans cette vie je T'ai résisté
La solitude intérieure était infinie
Le vide m'attirait
mais je m'accrochais
aux petits plaisirs de la vie
Tes signaux étaient constants pressants
et moi
au nom de l'autonomie je T'ai esquivé
Tu as travaillé dur pour démanteler
mes fausses illusions

Puis ce jour-là dans cette grotte

---

*__Darshan__: Vision. Lorsque le Satguru nous donne le Darshan, Il voit notre âme et nos points noirs du karma accumulé durant tant de vies, et chaque fois il nous soulage de notre karma.

Tu m'as «appelé»
soudain Tu T'es révélé à moi
je n'ai plus eu aucun doute
c'était Toi
l'Amour éternel
que j'ai désespérément recherché

Enfin j'ai accordé à l'âme
le dialogue intérieur
Sur le chemin du retour
j'ai annoncé
que je T'aurais suivi
je devais récupérer
le temps perdu

Dès le premier instant
je savais
que ce serait difficile
je n'aurais eu aucune remise
Tu étais mon Maître
Tu n'avais pas le temps
Ton travaille sur mon Ego
aurait été accéléré
je devais renoncer
L'âme a compris
Je T'ai laissé me guider
À Tes pieds

je me suis abandonnée
Quel soulagement
j'étais consciente
Tu m'as toujours accompagné
maintenant je l'ai enfin reconnu
Je pouvais gravir les plus hauts sommets
traverser les océans
La «Dame Noire» ne me faisait pas peur
Tu ne m'aurais pas abandonnée

Tu étais venu pour me ramener à Dieu

Toi
Mon Amour
Tu es la fin et les moyens de la vie
qu'il me reste

Et moi je n'ai qu'un seul objectif
me dissoudre en toi
éternellement

Août 2017

La Mongolfière

Au dernier moment
Julien m'appelle
il y avait le Darshan de Guruji
en Roumanie
Viens
c'est un très bel endroit
J'ai rapidement pris
un billet d'avion
je n'avais pas pu réserver une chambre
comme c'est étrange
j'avais fait plusieurs tentatives

Je suis partie

Sur le bus pour Malpensa
Je me rends compte
de ne pas avoir ma carte de crédit
Incroyable
j'ai toujours tout sous contrôle

J'aurais dû rentrer chez moi
j'avais tout juste l'argent
pour le retour

Je ressentais en moi

une forte pression qui me poussait à continuer
je pouvais demander un prêt à Julien
même si cela me dérangeait
je l'aurais fait

J'ai fait le check-in

Là j'attendais
mais personne n'arrivait
La panique m'envahissait
Et maintenant comment faire
sans Julien*
sans argent
sans adresse

Forte et insistante
une force interne
me poussait à continuer

Je l'ai écouté
Je me consolais
pour rentrer je me serais présentée
auprès du poste de police

Je suis montée dans l'avion

L'avion ne partait pas
Longue attente
pour d'autres passagers

Julien est arrivé
mon coeur s'est ouvert
je lui ai demandé de l'aide

Nous sommes partis
Je me sentais plus légère

J'étais au courant de Tes leelas
des épreuves par lesquelles Tu testes
la confiance des personnes en Toi
à présent je commençais à les expérimenter

En taxi nous sommes arrivés à l'hôtel
entre vertes et douces collines
un paysage féerique
La vue depuis la terrasse de l'hôtel
se fondait à l'infini
Mais moi je n'avais pas de chambre
je devais aller au village
et cela me rendait anxieuse
À mainte reprise mon amie a cherché
une chambre pour moi
c'était full

Dix- huit heures trente
mon amie demande à nouveau

Oui une chambre venait juste de se libérer
j'avais la chambre
Elle était à côté de la Tienne

C'était la première des innombrables fois
où Tu me demandais de me fier à Toi
sans "mais" ni "si"
Je T'ai ressenti clairement à l'intérieur
Je devais lâcher les rênes
Le jour après le Darshan
nous étions peu nombreux
dans cet endroit élu
au sommet de la colline
Tu m'as accordé un entretien
je T'ai demandé de devenir Ta bramacharini*
C'était un appel
C'était un appel
Une année auparavant
le médecin ayurvédique indien
brahmane**
en m'auscultant
il m'avait demandé

***Bramacharini**: nonne en sanskrit. Nonne dans l'ordre spirituel de Paramhamsa Vishwananda.
Bramane: prêtre dans la religion hindouiste.

vous avez des moines dans la famille
En un instant le voile est tombé
un dharma prédit
je savais cela me touchait
depuis des années je passais
de nombreuses heures de la journée
en méditation
Je T'attendais
À la fin de l'entretien Tu as dit
pose la question

Le lendemain après
une merveilleuse journée ensoleillée
Tu t'es penché au balcon
les gens tous réunis sur la terrasse
ils T'attendaient
Tu dialoguais
Tu plaisantais
j'étais sur le balcon juste à côté
je Te voyais parfaitement
Là juste devant nous
une montgolfière
vient d'atterrir
doucement
peut-être rappelée
par tant de personnes
Soudain
Tu as interrompu toutes conversations

Rapidement
nous T'avons vu t'éloigner avec Tes proches vers la
montgolfière
Nous avons couru après Toi
précipitamment
le fantasme d'un tour en montgolfière à Tes côté
planait dans l'air

Tu as demandé au conducteur
un tour panoramique
Tu es monté dans la montgolfière
avec quelques proches
Tu étais très souriant
Tu plaisantais
La montgolfière s'élevait
mais elle montait et descendait
à maintes reprises
Toi
avec humour
Tu écartais les bras
Tu souriais
Nous T'accompagnions avec nos chants
et nos cris d'encouragement
Afin d'alléger le poids
Quelques-uns de Tes proches étaient descendus
Le conducteur tentait sans arrêt
le ballon montait et descendait

quelque chose ne fonctionnait pas
Les tentatives perdurent en vain
ainsi que notre divertissement
Pour finir Tu es descendu
La montgolfière avait plusieurs cordes cassées
Tu as mis en scène un jeu
pour sauver le conducteur

Tu as sauvé Johanne

Scicli*
En vacances avec ma très chère amie
de plus de quatre-vingts ans
une femme spéciale
forte mais têtue
elle s'amusait à paraître plus jeune
prétendait être chez moi
sur la colline
quarante-quatre marches
dalles de pierre pointues
hautes de soixante centimètres
sans mains courantes
Une chute dans ces escaliers
pouvait être mortelle
Nous avons grimpé avec difficulté
Maintenant nous descendions
pour aller en ville
Elle refusait de s'appuyer à mon bras
J'étais en panique
submergée par l'anxiété
je l'épaulais

Tout d'un coup

***Scicli**: citadine de la Sicile du sud orientale, Province de Ragusa.

Johanne perd l'équilibre

C'était fini
Je suis paralysée
je la fixe immobile

Je Te prie Seigneur
pendant sa chute de dos
sur les escaliers au ralenti
comme dans un tournage de film

Johanne tombe lentement
comme si elle voulait se poser
sur un divan

Incroyable
elle n'a même pas heurté la tête
elle l'a tout simplement posée

Miraculée

Je l'ai aidé à se relever
Elle n'avait rien
pas même une égratignure

Bouleversée
quelques minutes de silence

Du plus profond de mon coeur
je T'ai remercié

Le pélerinage dans le Maharastra

Tu étais avec nous dans l'autobus
Tu as accordé des entretiens

M'étant rapprochée
je T'ai vénéré
et me suis assise à Tes côtés

Pour la deuxième fois je T'ai
demandé de devenir nonne

Je T'ai rappelé que j'étais une féministe
et pour Toi
j'avais tout abandonné

Tu as regardé au loin
le regard fixe
Tu m'as dit
tu ne dois pas abandonner
tu dois transformer
regarde
la situation des femmes dans le monde
est grave
Tu as donc poursuivi
si ta question est vraiment sérieuse

alors vas faire du Seva* à Vrindavan**
nous parlerons avec Swamini***
Ensuite Tu m'as congédié

Vrindavan
ce nom résonne en moi
depuis que je T'avais connu
maintenant je savais que c'était l'Inde
le pays que j'ai toujours évité
J'étais écoeurée par ce pays
Les photos les reportages
J'avais du mal à les regarder
Et maintenant
a soixante dix ans
Tu m'envoyais faire du Seva
à Vrindavan

Inde
Éloignée de Toi
J'ai pleuré avec mon ami
Julien m'a réprimandé
Sotte
tu as reçu un don inestimable

****Seva**: service volontaire.
***Vrindavan**: importante ville sacrée indienne, où vécut Sri Krishna.
****Swamini**: maître chef spirituel dans l'ordre spirituel de Paramahamsa Sri
Swami Vishwananda.

Vrindavan est la ville de Sri Krishna*
Tu ne pouvais entendre notre conversation
Tu étais trop loin
Mon amie qui était à Tes côtés
m'a ensuite référé
Tu as tapoté sur l'épaule de Julien
en signe d'approbation
Tu savais que je me plaignais

Durant ces dernières années
plusieurs fois j'ai fait du Seva
à Vrindavan
peut-être ma terre
dans d'autres vies
j'avais laissé un lourd karma
à purifier

***Sri Krishna**: l'incarnation du Dieu Suprême d'il y a 5000 ans.

PANDHARPUR

Inde
Maharashtra*

En Pèlerinage à Pandharpur** avec Toi
Nous avions visité
le Temple de Sri Vitthala

Une énorme construction
Beaucoup de temps s'était écoulé
depuis que j'avais laissé
mes chaussures
hors du temple
En Inde dans les temples
on n'entre pas avec les chaussures
par respect pour le Divin
Nous sommes sortis
j'ai suivi le groupe de pèlerins
derrière Guruji
nous nous sommes arrêtés
dans une clairière à côté du Temple
Un ami de Guruji

---

*__Maharastra__: une région de l'Inde.
**__Pandhapur__: Ville Sacrée, en Inde, particulièrement dédiée au Seigneur Krishna, sous sa forme de Vitthala.

est arrivé motorisé
il a invité Gurudev
à faire un tour en moto
Et Lui tout content
rapidement est monté
Après un certain temps
ils sont revenus
au bout d'un moment
Guruji a décidé de rentrer
Je me suis rappelée des chaussures
elles étaient loin de là
J'ai crié
j'ai laissé les chaussures
Guruji s'est arrêté
a parlé à Son ami

On m'a proposé
de me raccompagner à moto
Moi qui d'habitude
suis fatiguée
lente
Au contraire
je n'ai pas perdu de temps
sans gêne
à cause de ma longue robe
aidée
je suis montée

Moi aussi j'ai fait mon tour à moto
assise sur le siège
où s'était assis Gurudev

Quelle merveilleuse leela Tu avais créé
Quelle grâce j'ai reçue
C'est difficile de comprendre
pour ceux qui ne connaissent pas
l'étendue de Ta personne
pour quel raison nous nous poussons
pour toucher tout ce que Tu touches
Tu es une relique vivante
Tu es Dieu sur terre
et tout de Toi a une valeur
incommensurable

Maharastra - au restaurant

Nous étions au restaurant
je Te regardais de loin
comme d'habitude
j'étais assise assez loin
Seulement des regards désinvoltes
Tu me donnais
de temps en temps
À un moment donné
Tu te tournes vers moi
Ehi come
Tu me fais signe de la main
Je cours vers Toi
Take
Tu m'offres Ton assiette
avec les restes de nourriture
mon Dieu
Maha Prasad*
Quelle Grâce
Comme une voleuse
je suis revenue à ma place
en courant avec Ton assiette
Sans regarder personne
j'ai mangé la nourriture

***Maha Prasad**: la nourriture que le Satguru a mangée.

que Tu as laissée
J'ai demandé au serveur
si je pouvais garder la cuillère
Ta relique je la ramenais chez moi
personne n'avais vu la scène
Tu l'avais voilé*
Seulement lorsque j'ai demandé
la cuillère au serveur
quelqu'un m'a demandé

---

*Voilé: Guruji a le pouvoir de voiler notre regard lorsqu'il l'estime nécessaire.

LA RENONCE

Ce jour en Roumanie
lorsque
je T'ai demandé de devenir nonne
Tu m'as répondu
pose la question
et en sortant Tu m'as dit
après il y a le Samnyasi*
mais ça on verra

L'ami qui était avec moi
m'a ensuite expliqué

Moi j'ai déposé à Tes Pieds mon Dharma**
comme Tu l'as demandé
et de samnyasi
Tu ne m'as plus parlé

Mais Tu ne dis jamais rien par hasard

Dès le début
et toujours pressée

---

*__Samnyasi:__ renonçant. Dans la tradition hindoue, c'est la dernière étape de la vie où il faut renoncer aux biens matériels et se consacrer totalement à son propre chemin spirituel.
**__Dharma:__ la tâche que nous avons dans la vie.

j'ai dû abandonner

En 2018 j'ai raté le train
pour venir à l'Ashram
cet été là
Tu m'as bloquée à la maison
Tu m'as conduite à alléger
les fardeaux qui pèsent sur la vie
de mes filles
Un travail minutieux
douloureux
J'ai traversé
souvenirs
relations
événements
jetant empreintes misérables
C'était comme purifier la vie
du karma accumulé*
C'était douloureux
mais je me suis soulagée
J'ai éliminé toutes traces
de documents personnels

Nous les humains
nous aimons conserver

---

*__Karma__: les conséquences d'actions produites dans des vies passées ou présentes.

prolonger l'influence
de nos histoires personnelles
conditionnant lourdement
notre filiation
Inconscients
des effets karmiques
nous accumulons souvenirs
nous remplissons tiroirs armoires
des réminiscences
malles
pleines de souvenirs
dans le vain espoir
de laisser les empreintes
de notre passage sur cette terre
Nous éparpillons sur nos enfants parents amis
les traces de nos misères vécues
du spectacle de l'ego collecté
déversant sur eux nos fardeaux

En 2019
j'ai vendu la maison
en ne gardant même pas une cuillère
de toute la richesse qui y habitait
J'ai tout laissé à mes filles
à leur père

Je partais pour Vrindavan

En quelques jours j'ai réuni les Murtis*
quelques effets personnels
les vêtements de saison
et uniquement
Tes livres
Les livres
la passion d'une vie
en un instant tout a été remis à zéro
Ma chère amie Olivia
est arrivée
avec tout son amour
a chargé mes affaires
les a déposée au grenier
dans sa maison
Encore aujourd'hui
je lui suis énormément
reconnaissante d'avoir soulagé
la souffrance de mon renoncement
Ce qui me manquait le plus
étaient les Murtis
vénérées avec amour
et maintenant emballées
ainsi que
les livres de Bhakti Marga
les documents et

---

*__Murtis__: statues des divinités en sanskrit.

les cahiers
contenant les notes des cours
fréquentés
Chaque fois que je revenais
chaleureusement accueillie
par Olivia
je n'avais pas la force d'ouvrir les valises
pour ne pas revivre le vécu de gitane
Je n'avais plus de maison
mon propre espace
Avec la valise à portée de main
je me déplaçais entre
l'Allemagne
Turin et Vrindavan

En moi double vécu coexistait
celui de la vieille dame
qui aspirait à la tranquillité
et le Tien
qui me voulait libre
des attachements matériels
Je T'ai suivie
j'ai toujours choisi
de faire ce que Tu me demandais
Tu n'es pas sur cette terre
pour nous donner
quelques bénédictions

Tu es descendu
pour nous ramener à Dieu
Et moi je sais bien que
pour arriver à Dieu
il faut emprunter
l'autoroute
de l'Amour inconditionnel
de l'abandon total
Tu m'as souvent concédé
d'être près de Toi
jamais à côté
Dès le premier instant
seulement dans des rares moments
Tu m'as regardé
Tu m'as parlé
C'était le prix à payer
pour l'immense grâce
de pouvoir communiquer
dans la dynamique intérieure
Tu m'accompagnes à chaque instant
Je Te perçois pleinement
Je n'ai plus agi dans la vie extérieure
sans Ta parole intérieure
Nous sommes Jivas*
un sous-atome de Dieu

---

*Jivas: l'âme incarnée.

incarné sur cette terre
et Dieu Lui-même est présent en nous
Il est Paramatma*
La forme de Dieu
qui accompagne notre âme
Le Dieu personnel
en interaction permanente avec notre âme

Si nous sommes conscients
nous Le percevons à l'intérieur
Et moi
je suis en communication permanente avec Toi
À l'intérieur de moi
Tu ne Te voile pas
Je Te perçois toujours
Tu n'es pas près de moi
Tu es avec moi
Nous sommes deux
Je vis Ta souffrance
à travers les preuves
que Tu me donnes
Tu souffres avec moi
Je peux percevoir à l'avance les tests
auxquels Tu vas me soumettre

***Paramatma**: le Dieu Suprême sous forme personnelle qui est présent en nous et accompagne notre âme.

car je ressens ton malaise
Comme Krishna
lorsqu'il a dit à Gandhari*
Quand tu pleurais
et tu souffrais pour tes enfants
moi je souffrais avec toi
Moi-même expérimente
la vérité de Ta peine
face aux lourdes épreuves
auxquelles Tu nous soumets

Avec Toi
j'ai cette communion spéciale
Une grâce extraordinaire
À l'extérieur il est difficile de partager
Tu nous dis toujours de communiquer avec Toi à l'intérieur
de Te chercher dans notre coeur
Mais si nous
ne faisons pas personnellement
l'expérience de la communication intérieure
ils restent des mots

---

*__Gandhari__: Dans la bataille de Kurushetra il y a 5000 ans, raconté dans le poème épique du Mahabharata, Gandhari était la mère des Kauravas, la reine qui a donné naissance à 100 enfants, qui a tout perdu pendant la bataille.

Un soir à Rome

Je suis invitée par mon ami d'enfance
à séjourner au centre de Rome
dans un attique fleuri

Ma fille m'avait déjà appelé
plusieurs fois
sans que je réponde
j'étais occupée
mais peut-être
comme je l'ai compris
par la suite
par intuition
j'ai préféré
ne pas répondre

Je m'apprêtais à sortir dîner
et à retrouver de très chers amis
je me suis faite belle
et élégante

Je Te suivais
depuis peu de temps

Il pleuvait

Fiorella
M'a remis un sac en papier ouvert
Contenant des déchets à jeter

Dans une main j'avais le parapluie
dans l'autre le sac poubelle
et comme d'habitude
je portais la bandoulière
La pluie tombait très fort
sur le sol
sur le trottoir
créant des mares d'eau
des flaques de boue
Ma fille me rappelle
je comprends que c'est trop
je dois répondre
je ne peux plus l'éviter

Je décroche mon portable
je réponds
elle me parle de
graves problèmes familiaux

Dévastée
je perds le contrôle de la situation
je tombe
je cogne très fort les genoux

Et je ressens
une énergie qui me renverse par terre
violemment
tandis qu'une autre me relève aussitôt
Pour la première fois
je perçois clairement
ces mouvements

Je me relève avec difficulté
Effrayée
Le sac poubelle le parapluie le portable
étaient tombés bien rangés par terre
les déchets ne s'étaient même pas renversées

Je devais me changer
je serais arrivée en retard
pour le dîner
Je me regarde
j'avais fortement heurté le sol
mais je n'étais même pas mouillée
j'étais sèche et propre
et je n'avais pas de douleur

J'étais impressionné
Incroyable
Il était clair que Tu avais agi pour moi
Tu m'avais relevé

Tu m'avais protégé

J'ai respiré
j'ai prié
je T'ai remercié

J'AI VU DIEU AVEC LA CALOTTE DE TRAVERS

Ce soir

pendant qu'Il vérifiait des chambres

la propreté

Il erré dans les dortoirs

de Ses élèves

regardant sous les lits

traînant ses pantoufles

comme le faisait mon père

lorsqu'il rentré

fatigué de sa journée

Dans l'après-midi

Lui a dansé pour nous

Krishna était revenu

La nuit jusqu'à l'aube

Il a chanté pour Krishna

Lui souvent ne parle pas

Il agit

Il nous montre comment honorer le Divin

qui est en nous

comment prier comment faire

La colère déchaînée par Sa Leela*

---

*Leela: Une des significations est les tests, les épreuves que le Maître met en place pour démontrer à Ses disciples le niveau de confiance qu'ils ont en Lui ou pour leur enseigner quelque chose.

est rentrée
Apaisée par ses bains de douceur
et par l'humanité de son errance dans l'Ashram
traînant ses pantoufles
avec la calotte de traves sur la tête
pendant qu'il vérifie les chambres
de ses jeunes élèves

Qu'elle tendresse
L'étreinte au coeur pour Son départ s'est relâché

2018

MAURITIUS

Tu as offert l'Abishekam*
à Sri Ranganath**

En file indienne
nous étions appelés à
verser l'eau sur les Murtis
Je l'avais déjà fait plusieurs fois
J'étais habituée

Je suis arrivée
ils m'ont donné
le verre rempli d'eau
Je me suis bloqué
j'étais immobile
devant la Murti
Tu m'as arraché le verre
de la main
Tu as renversé l'eau sur moi

Je suis retournée à ma place
désolée
Honte

---

*__Abishékam__: rituel de vénération des Divinités en les lavant avec de l'eau et diverses substances précieuses.
**__Sri Ranganath__: une des formes vénérées du Dieu Suprême.

Je n'étais même plus
capable de verser de l'eau
Pendant des jours
ce souvenir
m'a fait me sentir mal
Je ne comprenais pas
ce qui s'était passé
j'étais comme étourdie

Peu de temps après
j'ai raconté ce qui s'était déroulé
à Ta chère amie
Elle m'a dit
Il T'a donné une bénédiction
Il T'a fait l'Abishekam
J'ai compris
que Tu m'avais voilé
sidéré

Et nous qui prétendons interpréter
avec l'esprit et l'ego
Tes actions

J'ai couru après toi

C'était en 2018
Ma décision radicale
de Te suivre
avait mis en crise
mes rapports familiaux

Un maître hindouiste

Une secte
Un membre de ma famille
m'avait écrit
un message inquiet
où était
L'or de notre mère
et toutes les propriétés
L'ignorance de l'hindouisme
et les préjugés
prévaleient
Après tout moi aussi
J'en avais été sujette
Mon changement soudain
effrayait
Les appels divins
ne sont pas compréhensibles

à nous les humains
pendant ces cinq dernières années
mon changement intérieur
n'avait pas été visible
extérieurement

J'étais incompréhensible et dangereuse
Mes choix mettaient en discussions les autres
Une comme moi
dévouée à un Maître hindouiste
Un homme jeune et beau
Un coup de foudre amoureux
était la seule explication rationnelle

Les amies féministes écoutaient
mes analyses intellectuelles
sur l'hindouisme
et les enseignements de mon Maître
Mais comment était-ce possible
Je me dédié totalement à un homme
En plus sans même profiter des plaisirs
d'une relation amoureuse

Une période difficile
J'ai souffert

Peu d'amies ont accepté

par amour
et par respect pour moi

Mes filles bien-aimées
s'étaient désormais éloignées de moi
Dans la famille ils étaient anxieux
leur premier problème
où étaient passées mes propriétés
J'ai toujours été peu attachée
aux biens matériels
j'étais considéré
comme superficielle
Je n'étais pas intéressée à capitaliser
J'ai très bien vécu avec peu
je n'accumulais rien
Un souvenir me revient
Je n'avais pas encore mes filles
ma mère me fit un cadeau en argent
Elle espérait
que j'allais m'acheter une voiture
Je l'ai dépensé immédiatement
en participant à la convention mondiale
des femmes en Chine

Je reviens à ce jour là
dans l'ashram
Épuisé

par les problèmes familiaux
j'ai ressenti le besoin de parler avec Guruji
Je connaissais le règlement interne du dévot
mais je voulais interroger Guruji
personnellement
J'étais déterminé à Lui parler
J'avais avec moi le poème
que je Lui avais dédié
et lorsqu'Il passa j'essayais
de L'arrêter
mais il ne s'arrêta pas

J'ai couru après Lui en l'appelant
Il accéléra le pas

mais j'étais déterminé
je Le poursuivis
la scène était incroyable
les autres regardaient émerveillés
personne ne m'arrêtais
alors que ce n'est
habituellement pas le cas
Guruji courrait devant moi
je ne lâchais pas
Il entra rapidement dans la chambre
des entretiens
le jeune dévot qui Le protégeait

me dit de l'attendre dehors
C'était bon signe
Guruji s'accordait

Enfin il sorti
Il s'approcha de moi
Je lui ai parlé de ma crise familiale
des propriétés
Il a répondu
Tu savais que ça allait arriver
sois consciente
le chemin que tu as choisi est difficile
Je n'ai rien à voir avec tes propriétés
ni avec celles de mes moines

Il prit le poème que je Lui offrait
tu ne pouvais pas l'écrire en français
Il me réprimanda
puis il s'éloigna

Mon premier jour à Vrindavan

J'étais arrivée la veille
C'était la première fois
que je marchais sur le sol de l'Inde

Je ne parlais pas anglais

Dans la cuisine
la jeune nonne
très naïve
me dit
aujourd'hui c'est
la plus grande fête sacrée de la ville
c'est la fête de Banke Bihari*
prends un risciò** et vas au temple
Tu lui dis Banke Bihari

Je me suis aventurée
je savais que Tu étais avec moi
le risciò a pris une rue latérale
m'a confié à un homme de blanc vêtu
Une situation étrange
ils étaient d'accord

---

*__Banke Bihari__: important temple de Sri Krishna à Vrindavan. Krishna est Dieu
incarné sur cette terre il y a 5000 ans.
**__Risciò__: charrette à roulettes moyen de transport indien.

je n'avais pas le choix
je l'ai suivi
dans ces ruelles surpeuplées

Je savais que Tu étais avec moi
Tu étais ma force
Nous sommes entrés dans un temple
bondé de monde

Les femmes se battaient afin
de se rapprocher des divinités
ce n'était pas juste
des coups de coudes
mais des vrais coups
Ils arrivaient de toute l'Inde
Peut-être leur seul pèlerinage
à Banke Bihari
ils ne pouvaient pas manquer
cette occasion d'offrir

J'étais bouleversé
mais j'avais un fort sentiment
d'avoir déjà piétiné
dans ces même endroits
dans d'autres vies
J'étais à la maison
Cet homme

m'a rapidement rapproché de la divinité
J'ai fait une offrande
j'ai reçu prasad*
Nous sommes sortis
de cette foule humaine
Toujours en silence
il m'a accompagné dans un autre temple
celui de Sri Radha Ramani**

Une expérience émotionnelle inoubliable
Je n'aurais jamais pu
m'approcher de la Divinité
tellement il y avait de monde
au contraire cet homme
m'a rapidement conduit à la balustrade
J'ai ressenti des émotions puissantes
j'ai commencé à pleurer sans fin
devant de centaines de personnes
Je pleurais et j'essayais d'entrer
dans le périmètre central du temple
pour faire une offrande à la divinité
C'était un impératif intérieur
Le brahmane*** entrait et sortait

---

*Prasad: nourriture offerte et bénie par la Divinité.
**Sri Radha Ramani: Sri Radha est la Mère Divine incarnée il y a 5000 ans, la bien-aimée de Shri Krishna.
***Brahmane: prêtre hindou.

de la chapelle interne du Temple
il me voyait et ne prenait pas l'offrande
et moi je continuais à pleurer sans retenue
Pour finir il m'a laissé entrer
Il a accueilli mon présent
il m'a rendu Prasad
Alors seulement
je me suis calmée et
j'ai cessé de pleurer
C'était clair pour moi
J'avais laissé du Karma
dans une vie antérieure
J'ai demandé pardon

Sortis
l'homme a repris le chemin du retour
je reconnaissais quelques détails
Lorsque nous sommes arrivés
à l'endroit de notre rendez-vous,
L'homme se dirigeait
vers une ruelle isolée
À ce moment
je me suis souvenue
je portais au doigt
une bague papale en or
Je l'ai arrêté
J'ai déboursé cher pour son service

Je me suis éloignée
j'ai cherché un risciò
Après un tour peu touristique
à travers les ruelles secondaires poussiéreuses
je suis rentrée
Je n'ai pas eu peur
Tu m'as guidé

Delhi

Lorsque je T'ai demandé de devenir nonne
Tu m'as posé une condition
aller faire du Seva à Vrindavan

J'avais concordé avec Swamini*
d'y aller en février
J'avais mon billet d'avion
Février est un bon mois
pour s'acclimater en Inde
Tu m'as fait changer mon
billet je suis arrivée en avril
sous une chaleur torride indescriptible

Le gonflement des pieds et des chevilles
avait triplé
Swamini était inquiète pour ma santé
Je ne parlais pas un mot d'anglais
et la seule personne
capable de traduire en français
n'était pas disponible

J'étais frustrée

***Swamini**: cheffe spirituelle (femme) et représentante de Paramahamsa Vishwananda.

Je me sentais incompétente
incapable

Je partagé la chambre avec une
qui ne me supportait pas
c'était la première fois que cela m'arrivait
je ne comprenais pas le motif
peut-être je lui rappelais sa mère

Je faisais mon Seva en cuisine
Je coupais les légumes
je faisais la vaisselle
je servais
pendant au moins six heures par jour
De très jeunes filles
me disaient quoi faire
en surveillant mon travail
elles me grondaient
J'avais soixante-dix ans
Anna Raffaella avait disparu
J'étais devenu une vieille femme incapable

Patiemment je ne répondais pas
Je ne lui en voulais pas
Je savais
Tu mettais à l'épreuve
ma fierté

Dans le comportement des gens
je ne voyais que Toi
C'était difficile
Intérieurement
Je ne cessais de Te demander
de me donner la force de supporter

Petit à petit
les résidents m'ont accepté
Swamini
et la tendre Divya
me soutenaient
m'appréciaient
J'ai commencé à cuisiner

Dès que je pouvais
je m'échappais vers les temples
je prenais le risciò et j'y allais
je ne saurais dire dans quelle
langue je parlais
De temps en temps je m'autorisais
des fugues
en dehors de la ville
en solitaire et non communiqué
Ils ne m'auraient pas laissé sortir

tout seule
mais moi j'avais déjà expérimenté
Tu m'accompagnais
Tu pensais à tout
dans les moindres détails

Je me sentais protégée
Je commençais juste à m'adapter
Je vivais une expérience extraordinaire

Tu es passé par Delhi
L'Ashram de Vrindavan
a organisé le voyage
pour Te rencontrer

Nous sommes arrivés le soir
dans l'hôtel où Tu séjournais
Ta grande chambre
était plein de monde
Il T'on fait la Puja*

Émouvant de Te voir de si près
Je T'avais si peu vu
et je me suis retrouvée
tout de suite à Vrindavan

---

*Puja: rituel de vénération des Divinités.

J'avais trouvé un coin
où m'installer assise par terre
éloignée

Ils avaient préparé à manger
Tu nous a nourri avec le Maha Prasad*
avec Ta nourriture bénie
Il se fait tard
les gens sont rentrés chez eux
nous n'étions plus que quelque uns
Tu étais à table
Tu dînais seul
et Tu parlais avec Tes proches
je Te regardais

Tout d'un coup
J'entends
Anna Raffaella how are you
Rishi** traduisait
Bien
T'ai-je répondu
Tu as insisté en voulant savoir comment j'allais
Rishi me réprimanda en me disant
Lève-toi et va vers Lui

---

*__Maha Prasad__: nourriture offerte au Satguru et béni par Lui.
**__Rishi__: enseignant dans l'ordre spirituel de Paramahamsa Vishwananda.

Levée
je me suis agenouillée devant Toi
Tu as répété la question
Je T'ai répondu
c'est difficile mais cela me fait du bien
ça me fait évoluer
Bien
Tu as dit
Tu dois plus Te focaliser sur Krishna
En moi j'ai ressenti
je devais plus me concentrer sur Toi
Agenouillée
Tu as posé ta main sur ma tête
en me bénissant
je suis retournée à ma place
Le lendemain matin
dans la hall de hôtel
nous T'avons rencontré
Tu reprenais ton voyage
Tu nous as bénis

La séparation a été dure

LES MURTIS POUR LE TEMPLE DE SPRINGEN

Juin 2018
Un jour je me suis sentie entraînée
vers Loli Bazar
le plus grand marché de Vrindavan
avec ma visa

D'habitude je ne l'emmenais pas avec moi
Les singes sont dressés pour chasser vos sacs

J'étais guidée
J'ai pénétré dans un magasin
poussiéreux peu visibles
ou je ne serais jamais entrée
Deux murtis m'ont attirés
Radha e Krishna
elles étaient très belles
Mais que pourrais-je en faire
elles étaient grandes
Où pourrais-je les mettre
Elles étaient coûteuses
J'avais déjà beaucoup dépensé
en donations
je n'en avais pas besoin

La poussée intérieure était insistante
je les ai achetées

Je sentais que j'allais les offrir
au nouveau Temple à Springen*
Confection emballage

Sur le chemin du retour
j'arrête le risciò
je me suis sentie à nouveau attirée
dans le plus élégant magasin de murtis
de la ville
je ne comprenais pas pourquoi
mais immédiatement après c'était clair
Une très belle murti de Sri Hanuman**
m'attendait
Encore une fois
boîte emballage

À cette époque l'incertitude me tourmentait
Guruji les aurait-il voulus
Ou c'était un de Ses tests
Je devais accueillir mon vécu

***Springen**: en Allemagne, ou se trouve l'Ashram de Paramahamsa Vishwananda.
****Sri Hanuman**: importante Divinité hindoue. Les divinités hindoues que nous vénérons sont des formes, des expressions, des aspects différents du Dieu Suprême, Narayana.

ou agir rationnellement
Pendant des années cette question
m'a accompagnée
Hésitante et réticente
j'ai toujours pris des risques

J'avais acheté les murtis
mais Je n'avais pas l'autorisation
de rentrer en Allemagne

Guruji consulté
Il m'accorde un retour temporaire à Turin

J'avais tout laissé en suspens
je n'avais rien dit à mes filles
je faisais une année de Seva à Vrindavan
mais je n'avais pas la permission d'aller
à l'inauguration du Temple,
Swamini ne me l'avait pas accordé
Comment aurais-je pu apporter les Murtis
À l'aéroport de Delhi
J'étais en transit avec Swamini
elle était d'excellente humeur
Sous la pression intérieure je réessaie
je lui demande à nouveau la permission
de pouvoir apporter les Murtis achetées
pour Springen

je demande un seul jour
Swamini fait une grimace
Impossible
Mais de bonne volonté appelle Guruji
Lui prend son temps
au bout d'une heure trente
Il rappelle
je peux aller à Springen
et j'ai une chambre réservé

Swamini fait un commentaire
tu dois avoir beaucoup de punye*
Je ne savais rien des punye
Je rentre à la maison
je dépose mes bagages
J'organise une valise
je repars pour Springen
J'arrive juste à temps
Guruji et les Swamis
dans le Temple
organisaient les derniers détails
Anxieuse je me demandais
mes Murtis seront-elles encore intactes
Une pression intérieure m'assaillait
c'était comme si il les attendait

***Punye**: mérites acquis dans le parcours spirituel dans cette vie et/ou d'autres vies.

Est-ce que c'est moi ou Lui
qui faisait pression pour les lui donner
Totale agitation
Je me calme
je laisse aller
Un Swami passe
je prends courage
je l'arrête
Swami
J'ai les Murti de Vrindavan
Il les prend immédiatement

Le petit élégant Sri Hanuman
trône à l'entrée du Temple
Sri Radha et Sri Krishna
sont sur l'autel du Temple
elles ont été baptisées ce jour là
avec le riz
versé par des centaines de personnes
J'ai pleuré d'émotion
pour l'immense Grâce reçue
de moi et de ma famille
des bénédictions millénaires

Pauvre de moi
je ne voulais pas Te faire confiance
Toi qui me guides à chaque instant

Shree Peetha Nilaya

Été-automne 2018
Depuis plus de deux mois
j'étais dans l'Ashram de Shree Peetha Nilaya*
pour faire du Seva
Chaque soir après l'Arati
je T'attendais
quelquefois
même pendant deux heures

Tu passais du temps
avec Tes disciples
à l'arrière du Temple
afin de les instruire
Chanceux
ils jouissaient de Ta présence
et apprenaient
J'aurais aimée naître homme
dans cette vie
et à chaque fois que je le dis
je ressens que Tu te mets en colère

***Shree Peetha Nilaya**, la demeure de la Mère Divine, et aussi le nom que l'on a donné à l'Ashram de Paramahamsa Sri Swami Vishwananda en Allemagne, dans le village de Springen.

Assise sur les marches en face du Temple
je T'attendais

Je me fichais de l'heure
je devais Te voir
avant d'aller
me coucher

J'étais toujours toute seule
je priais
en T'attendant
Lorsque Tu sortais
Tu me lançais
un regard fugace
presque
je n'existais pas

Et moi
agenouillée
dans mon coeur
je Te saluais

Un rituel qui se répétait

Un soir
Tu es monté
comme Tu le faisais souvent

sur ton petit risciò électrique
Moi j'étais près du parking
adjacent au Temple

Tu conduisais
Tu étais avec Tes proches
Tu as donné un coup d'accélérateur
et dirigé le risciò sur moi

À la dernière fraction de seconde
Tu as juste dévié
Tu m'as frôlé avec l'auto

Tu t'es amusé à m'effrayer
Tu testais ma confiance

Je n'ai pas bougé
je n'avais pas eu peur
quoi que Tu fasses
j'étais en confiance
j'etais entre Tes mains

L'été concluait ses derniers jours
L'automne avançait
et me trouvait découverte
je n'avais que des vêtements légers
Je n'étais pas équipé

pour la chute brutale de la température
Et combien même je n'abandonnais pas

Je continuais à T'attendre
solitaire
devant le Temple

Un soir Tu es monté sur le risciò
Tu portais
une longue
magnifique guirlande de fleurs
Je T'ai montré une murti
pour une bénédiction

Tu es descendu
Tu l'as béni
puis rapidement
Tu as déposé à mon cou
Ta merveilleuse guirlande
et aussitôt Tu es reparti

Quelques jours plus tard
Tu m'a dit d'arrêter
de T'attendre
Tu as eu de la peine pour moi
je n'étais pas correctement couverte

La leela du test pour devenir Bramacharini

Août 2018
Je participe à la semaine italienne
à Springen
Je pars de Turin
avec une énorme valise
remplie d'habits
pour une longue période

Je ne comprends pas le sens
mais cette habituelle pression à l'intérieur de moi
me poussait
Et moi je l'accueille toujours
je sais que Guruji*
me montre le chemin

Durant toute la semaine
quelque chose me pousse
à demander
à pouvoir servir en Ashram
On me l'accorde
jusqu'à fin octobre
Mon énorme valise avait un sens

***Guruji**: Mon Guru en sanscrit. Un mot affectueux pour appeler notre Maître.

Mon service de bénévolat
s'annonce être difficile
pour les dynamiques relationnelles
Tous très jeunes et matures
m'a enseigné comment plier
une serviette
ou poser une tasse
Pendant près de trente ans
j'avais géré une famille
mais cette dernière expérience
faisait partie du passé
et n'avait plus aucune valeur
Guruji me faisait expérimenter
les règles du monachisme basé
sur l'humilité et l'obéissance
C'était une épreuve

Fin septembre
on m'informe que le service se termine
Étrange j'avais mémorisé octobre
Je découvre qu'il y l'examen
pour devenir nonne
Voilà pourquoi le service était terminé
Chaos
Difficile de récupérer les textes à étudier
je n'ai pas l'argent pour payer la chambre
je dois chercher une swamini

qui pourra être ma marraine
Pourtant je comprends que je dois le faire
Les problèmes sont résolus
Jour et nuit je me consacre à l'apprentissage
sans répit
Une mission impossible
seulement 15 jours
pour une étude
vaste et profonde

Il y a seulement 1 année que
que j'étais devenue dévote
je ne connaissais pas l'hindouisme
auparavant
mais J'ai suivi de nombreux cours

Je ne m'arrête pas
je suis déterminée à essayer
patience tout se passera comme ça devra se passer
Je n'informe pas la famille
ils connaissaient mon choix
de devenir nonne
Il était peu probable
que je passe le test
j'aurais eu le temps
de les informer

Deux jours avant l'épreuve
je découvre que si je passe le test
le jour après je deviens nonne

La rapidité des processus
me prend par surprise
je ne m'y attendais pas
Je me calme
de toute manière je n'y arriverai pas

À minuit du jour de l'examen
on m'informe
Le lendemain je deviens nonne
Impressionnant
la rapidité des événements

Maman Lakshmi

Mon Seva était terminé
J'étudiais et me préparais
pour l'examen de bramacharini*

La Bramacharini en charge de
mon Seva une jeune femme
très réservée
ce matin là
elle est venue à ma rencontre
dans la hall m'a offert
une magnifique Murti de Lakshmi**
en laiton

Je ne possédais pas
une Murti aussi grande
en laiton
Je fus impressionnée
par tant de générosité
un signe auspicieux élevé

Personne
n'aurait parié sur moi

---

*__Bramacharini__: nonne dans l'ordre spirituel de Paramahamsa Vishwananda.
**__Maha Lakshmi__: une forme de la Mère Divine, l'épouse de Narayana, le Dieu Suprême.

des commentaires
m'étaient parvenues
j'étais devenue dévote
seulement depuis
une année
je ne pouvais y arriver

J'ai pensé
Guruji m'envoie Maman
C'était un très beau signe
Maman Lakshmi
a fait l'objet
de ma profonde vénération depuis longtemps
J'étais heureuse d'avoir
une si grande et précieuse Murti
que je ne me serais jamais accordée
mes priorités
étaient les donations

Un jour
J'ai ressenti intérieurement
que je devais Te l'apporter

J'étais déçue
Tu ne me laissais
même pas Maman

Mais je l'ai exécutée
je Te l'ai faite parvenir
Quelques temps après
j'étais dans le temple
devant le rebord de la fenêtre
près des plantes de Tulsi*
je parlais avec un ami dévot
À un moment donné
il me dit
Tu as vraiment de la chance
Ta Murti de Sri Lakshmi
a été placée
dans le Temple de Guruji

Incroyable
Et moi qui ne voulais pas Te la donner

Le sacrifice de la renonciation
a été richement récompensé

***Tulsi**: basilic sacré.

Le tunnel de l'Atlantide et la grotte de la Mère Divine

Guruji faisait une retraite spirituelle
à Lanzarote

Je n'avais pas pu m'inscrire
je n'avais pas d'argent

La date de la retraite spirituelle approchait
et je sentais une forte pression interne
je devais me rendre à Lanzarote

Je ne comprenais pas
Sans argent
les inscriptions étaient closes
l'endroit de la retraite était secrète
Néanmoins
cette pression
ne me laissait pas en paix

J'en parle à Chiara
elle s'active
elle est attirée par l'idée
de visiter ce pays
Elle trouve un vol low cost

le lieu de la retraite secrète
et une maison tout près

Je savais parfaitement
les règles de Guruji ne peuvent être enfreintes
mais c'était évident
Il nous guidait
Nous partons
la maison était face à la mer
le jour nous faisions nos excursions
le soir nous allions au temple
Nous savions que nous étions tout proches
de la maison de Gurudev
Nous l'avons vu seulement la dernier soir
dans le temple

Un jour nous étions en excursion
à Paseo de l'agua
un petit lac dans une grotte
Patrimoine de Unesco
un lieu stratégique
pour la Biosphère
Faisait partie d'un tunnel
qui traversait l'île appelé
Tunnel de l'Atlantide
Nous sommes entre les mains des puissants
combien de choses nous cachent-ils

En haut d'un côté de la grotte
il y a une cavité
qui laisse entrer le clair de lune
la lune se reflète dans l'eau

Vairons blancs aveugles
seule espèce au monde
nages dans le lac

Une puissante énergie se répandait

Le lac s'étendait tout en longueur
sur le côté ne bordant pas le mur
une corde marque le chemin
pour les visiteurs
Au début et à la fin du lac
deux rives non délimitées

L'eau m'a tout de suite attirée
je n'ai pas vu les panneaux d'interdiction
Malgré le fait que je voyais les gens
passer avec des chaussure fermées
sur le chemin latéral
Je n'y prêtais pas attention

J'étais voilée
Sur le premier rivage rencontré

J'ai mis les pieds dans l'eau
j'ai invité Chiara à faire de même
Merveilleux être dans cette eau
je n'arrivais plus à m'en détacher
je me complaisais
je me baignais
avec les petits poissons blancs
je jouais

Puis Chiara s'est levée
a traversé le paseo
s'est assise sur l'autre rive
je la rejoins

Je me suis assise sur une pierre
encore les pieds dans l'eau
depuis le toit
le clair de lune
se reflétait
on voyait le disque lunaire
Fascinant

Où étais-je
J'ai commencé à ressentir de fortes sensations
déjà vécues
je me suis vue dans cette grotte
dans une vie très lointaine

j'avais agi
J'étais une prêtresse
J'ai eu des images claires
les blocs de pierre
me parlaient
je me sentais mal
j'avais laissé du karma à purifier

Soudain
je suis entrée dans l'eau
je me suis agenouillée
j'ai demandé pardon à la Mère Divine
J'ai prié
je n'avais pas froid
je ne serais plus ressortie
Chiara m'a rappelée
Mouillée
j'ai refait surface
Réconciliée
Quelques pas plus loin
il y avait un restaurant
Alors que je me rapproche
une dame
est venue à ma rencontre
c'était la gardienne du Paseo
elle m'a réprimandée
c'était un Patrimoine de l'Unesco

il était interdit de se baigner
Je n'étais pas la seule à avoir été voilée par Guruji
mais également la gardienne
J'avais passé beaucoup de temps dans l'eau
et malgré une distance rapprochée
La dame ne m'a pas vu
Maintenant je savais pourquoi
je devais être à Lanzarote
Un ancien karma à purifier m'attendait

Et Gurudev m'a guidée

La retraite à Goverdhana

Septembre 2019
Swamini conduisait
la première retraite spirituelle
à Goverdhana
uniquement pour femme

Fascinant
mais je n'avais pas d'argent

À fin août
la pression interne
me pousse à partir pour Goverdhana
Impossible
les inscriptions à la retraite
étaient closes
je n'avais pas d'argent
mon compte en banque
risquait de passer au rouge

La pression continue
insistante
Qu'il s'agisse d'une leela
ou non
je surfe sur la vague

C'est Gurudev

Je fais mes calculs
Si je verse la première tranche
plus tard
recevrai l'argent de ma pension
J'essaie
j'écris à l'organisation
j'explique
je leur soumets mes excuses
et je demande si je peux entrer
Guruji interpellé
Il donne son approbation
mais je devais payer toute la somme
immédiatement

Désastre
Quelle leela
Comment allais-je faire
Je n'aurais même pas eu l'argent pour
manger
mais comment faire maintenant
pour y renoncer
Constamment
Tu me mets dans des situations financières
difficiles
qui m'obligent

à demander de l'aide aux autres
Ce que ma fierté ne ferait pas

Avec Chiara
mon autre soeur d'adoption
je parle de cette difficile situation
Chiara me prête l'argent
Elle paye le vol
et moi la retraite spirituelle

Incroyable l'aventure continue
Je constate que le passeport
est sur le point d'expirer

Tant pis
j'aurais fait cadeau de cet argent
pour une bonne cause
C'est toujours ma façon de réagir

En cinq jours
le passeport
à Turin
vous ne l'obtenez pas
cela prend au moins 20 à 40 jours

Quoi qu'il en soit j'essaie
Chiara me prête l'argent

pour le passeport
et pour l'assurance
L'inattendu arrive
Je reçois mon passeport
et le jour même du départ
je reçois l'assurance

Je pars pour Vrindavan
La retraite spirituelle s'avère être
une expérience extraordinaire
Nous étions dans une résidence
à côté de la colline de Goverdhana*
dans un merveilleux parc naturel
Palmiers
plantes tropicales
étoiles de Noël fleuries
de différentes nuances
hibiscus luxuriant
les écureuils dansaient
sur les troncs d'arbres
Voilà comment devaient être les forêts de Vrindavan
Swamini était très compétente
Je vivais la forte énergie de Goverdhana

***Goverdhana**: la colline sacrée à Vrindavan. Dans les textes sacrés védiques, il est dit que Sri Krishna a soulevé la colline de Goverdhana d'un seul petit doigt, afin de protéger la population de la colère d'Indra. Goverdhana est le Seigneur Krishna Lui-même, et sous cette forme Il est appelé Giridhari.

Guruji m'a guidé
pour aller au plus profond de moi
une prise de conscience inattendue
dans ma relation avec Dieu
Guruji me guidait à écrire
d'innombrables pages
puis il m'a demandé le silence

Combien de voiles sont tombés
Combien de grâces ai-je reçu

Les saligrams* de Goverdhana

Le dernier jour de la retraite à Goverdhana
Au petit matin
je me prépare
je quitte la résidence
Gurudev me guidait

Je cours
presque je vole

Honteuse
je me cache
ils ne doivent pas me voir
comment leur expliquer
que ceci est le vouloir de Gurudev
Je sors du portail
Les gardiens de la résidence me saluent
J'ai dû leur paraître étrange
Si tôt le matin
solitaire
Je refais la route qui nous sépare de Goverdhana

Je la connais

*****Saligram**: manifestation complète du Dieu Vishnu sous forme de pierre. Vishnu est l'une des trois formes du Dieu Suprême.

nous sommes allées faire la puja
déjà plusieurs fois

Tout droit
à droite
et ensuite à gauche
je saute l'obstacle
d'un petit portail
j'y suis
je suis tout près du grand rocher
où Gurudev fait l'abishekam*
Je regarde par terre
je ramasse des pierres
je les ai sélectionnées
mais peut-être m'ont-elles simplement attirées
les pierres viennent à moi
elles m'appellent

Il est interdit de ramasser des pierres
à Goverdhana
c'est avant tout un devoir moral spirituel
Il faut avoir l'autorisation du gardien
qui La soigne

C'est Goverdhana qui décide de donner

---

*Abishekam: rituel de vénération des murtis.

mais Guruji me guidait de l'intérieur

Le contraste interne comme toujours
était élevé
J'étais préoccupée
à la douane ils pouvaient m'arrêter
je ramasse de grandes pierres
lourdes puis des cailloux
de petites dimensions
Très vite je refais le chemin
en un instant je suis rentrée
À l'aéroport ils ne m'ont pas inspectée
à Gurudev
toutes les pierres sont arrivées

Le sac m'est revenu vide
mais au fond
presque par hasard
j'ai retrouvé deux petits cailloux de Goverdana
Gurudev me les offraient

Plus d'un an est passé
quotidiennement
je vénérais les pierres avec l'Abishekam

Un jour je fus guidée à offrir
la plus grande des deux pierres

au Temple de Turin

Depuis lors le petit Goverdhana
vit avec moi
me parle
m'appelle maman
comme la plupart de mes Murtis
Il est bizarre Goverdhana
se querelle toujours avec moi
il veut être couvert
de chandan e KumKum*
il n'en a jamais assez
je n'arrive pas à le nettoyer
comme je devrais
Lui me rappelle toujours
qu'il est une colline
et non un jeune homme
Étrange n'est-ce pas
les Murtis me parlent

Guruji raconte toujours
les histoires de dévots et de saints
qui parlent aux Murtis

Mais quand cela nous arrive à nous

---

*Poudre de Chandan et Kumkum offerte aux divinités.

petits mortels actuels
même entre nous dévots
nous trouvons ça étrange
S'imaginer
entre amis et connaissances
d'autrefois

Comme je les comprends
j'étais agacée
de devoir dormir dans la chambre
de ma mère
avec tous ces saints et madones
et un cierge allumé
de jour comme de nuit
Pour expliquer que les Murti
ont une âme
Guruji remémore
toujours l'histoire de Michelangelo
Quand on lui demandait
comment il avait pu créer
La Pietas
Il répondait
Elle
s'est manifestée

La Divinité descend dans la Murti
et se manifeste

lorsqu'elle est vénérée
Cependant
Dieu est en nous
et les divinités ne sont que des
expressions de Dieu qui
pour être plus près de nous
se révèlent
dans ces aspects
qui nous sont plus agréables

Dieu dans l'hindouisme est Un

Du point de vue rationnel occidental
tout s'explique
puisque tout réside
dans notre grand inconscient
Comme nous l'enseigne
l'ethnopsychiatrie
les phénomènes intérieurs
doivent être accueillis
ce sont des manifestations
de notre ventre ancestrale
Notre subconscient est en fait
une machine parfaite
elle est faite d'expériences sédimentées
dans des milliards de vies

La science occidentale
à également découvert
que notre esprit
est dans notre ventre
et se nourrit de gisements ancestraux
Rien de surprenant si vous ouvrez des
canaux ou si Dieu ouvre des canaux
nous pouvons communiquer intérieurement

Madame Ougrà

Quarantaine à Vrindavan
Un soir Guruji et ses proches
préparent des pizzas
Je m'approche de la table
pour recevoir le repas
Guruji me dit
Ei
Madame Ougrà
vient manger la pizza
elle est excellente

Je demande à Arvada
pourquoi m'appelle-t-il ainsi
il soulève les épaules
Il plaisante
Guruji
et l'ensemble des Mauriciens
bloqués en Inde
continuent de m'appeler
Madame Ougrà
Je pense
à une blague
créée par Guruji

Au fond
se sentir appelée madame Ougra
c'est aussi mignon

Guruji part
pour Springen
Un jour
en sortant de la cuisine
Swami G me dit
Tu sais pourquoi Guruji
t'appelle Ougrà
Nous avons regardé un film
et quand Ougrà est arrivée
Guruji s'est exclamé
Ah voilà Anna Raffaella
Et Swami continue
Ougrà était une sage
venue pour sauver la Planète TRA
avec la pierre de cristal noir

Mais elle fut attirée
par les méchants
et se mêla à eux
Puis retourna
à être une sage

Le message m'était parvenu

Quelque chose de similaire
à l'histoire de Ougrà
dans ma vie était arrivée
Je m'étais éloignée
de ma relation avec Dieu
Il y avait un lien entre moi
et les pierres sacrées
Un don que j'ai toujours nié
les pierres viennent à moi
où que j'aille

Inconsciemment
je me retrouve
avec des pierres très anciennes
et très précieuses
d'origines sacrées
comme saligram et lingam*

Peut-être Gurudev
accueillant mes pierres en cadeaux
a voulu mettre en lumière cette qualité

---

*Lingam: manifestation du Dieu Shiva sous forme de pierre, véritable murti.

Moi et les pierres

Un jour Gurudev me dit
Ce sont des Saligrams
les pierres de Goverdhana
que je lui avais apportées

Saligram
le Dieu Vishnu*
s'étant manifesté en pierre par amour
de Sa bien-aimée Vrinda**
Ceux-ci n'étaient pas les seuls Saligrams
que je Lui avait apporté
aussi à Lanzarote
j'ai ramassé des pierres
que je Lui ai ensuite donné
Et l'une d'entre elles
une petite pierre noire
en forme de coeur
m'est revenue
Moi et les pierres
nous avons une relation spéciale
Depuis toujours j'ai ramassé des pierres

---

*Dans l'hindouisme Dieu, *Narayana* est Un, qui se manifeste dans les trois formes:
Brahma, (Créateur), *Vishnu* (le mainteneur), *Shiva* (le destructeur).
Sri Vrinda: une importante divinité féminine hindoue, qui se manifeste
également sous la forme de Tulsi, le basilic sacré, très vénéré en Inde.

anciennes d'époques très lointaines
souvent je ramassais des pierres
qui avaient été utilisées comme
pierres votives sacrées
certaines de ces pierres je les ai trouvées
dans des terres et lieux
de vénérations millénaires
Les pierres trônaient
dans mes demeures
je pouvais aller n'importe où
elles m'attiraient
Les pierres me cherchaient
Ce n'est que maintenant que
je réalise que j'étais entourée
de Lingams et Saligrams
les deux plus hautes manifestations
du Divin sous forme de pierres

Je les avais trouvées où
elles s'étaient manifestées
une question à laquelle
encore aujourd'hui
je ne peux répondre

J'ai apporté plusieurs pierres à Gurudev
toujours anxieuse
alors je ne comprenais pas

pourquoi Il continuait de me les demander
et je m'attendais à une leela
Parfois des petites pierres me revenaient
comme un lingam strié de Sri Shiva*
du fleuve sacré indien Narmada**
Gurudev me l'a rendu
et c'est ainsi qu'il me l'a signalé
Comment le lingam était-il arrivé jusqu'à moi
je n'aurais jamais la réponse
J'ai également trouvé
Saligrams de Ères achevées
J'errais sans savoir de ces apparitions
Guruji en m'appelant Ougra
peut-être voulait-il me signaler
la nécessité de respecter
ce que le divin
m'a toujours donné

---

*Sri Shiva: une des formes du Dieu suprême.
**Narmada: rivière indienne où l'on peut trouver les lingams du Dieu Shiva.

Le tylak sur le front

Ce soir-là
de retour de l'Inde
à l'aéroport de Francfort
en attendant un taxi
soudain
une forte décharge d'énergie
m'a sculpté le front
pure électricité

Petit point sur petit point
un grand tylak*
Tu as marqué sur mon front
puis
le silence
Je suis allée à la salle de bain
j'ai appuyé mon doigt sur mon front
il est apparu
Je peux à chaque instant voire le dessin
Il suffit d'appuyer

Hari
pour ne pas que j'oublie que je T'appartiens

---

*Tylak: tache ou marque colorée portée par les hindous, en particulier sur le front, indiquant l'appartenance à un lignage spirituel.

Tu m'as marqué

Seigneur
incroyable
moi
la féministe
l'indépendante
de toute une vie
marqué
J'appartenais à Celui
qui se présentait au monde
comme un simple homme
un Sage
un Maître

De nonne je me suis retrouvée
servante
Ta servante

Quelle joie j'ai ressentie
Hari, je sais
je T'ai donné tant d'épines avant de m'abandonner à Toi
mais finalement j'ai abouti
La joie a explosée en moi
Tu me rappelais que j'étais à Toi
depuis toujours

J'ai joué
dans mes nombreuses incarnations
Je me suis perdue dans Maya
Immergée dans les abysses de Maya
pour longtemps

Maya est fascinante
Capture
Ne prétend aucun effort
Et Toi
Seigneur
Tu es revenu sur cette terre afin de nous rappeler
que nous ne sommes que de petites étincelles de Toi

Mon Amour
Je n'ai aucun doute
Tu peux faire de moi ce que Tu veux

Hari
Cette fois
je ne Te demande pas de me libérer
je Te demande le bonheur
maintenant et toujours
prosternée à tes pieds sacrés
accorde-moi
La joie d'être Ton humble servante
Éternellement

Gimmy et les courgettes de Gurudev

Je Te vois comme si c'était maintenant
Tu étais assis sur le banc dans la cuisine
la petite table en bois devant Toi avec la nappe habituelle
en plastique à carreaux

Incroyable
un homme ordinaire
était là devant moi

Ah! Oui
sous l'assiette
ils T'avaient mis un set de table
plus raffiné

Nous étions nombreux
Tu aimes la compagnie
Je T'observais
Tu parlais en plaisantant
Tu riais
il y avait beaucoup de bruit
et de bredouillement
Je n'arrêtais pas de Te regarder
Moi
à l'autre bout de la cuisine

je réchauffais les pizzas
que j'avais préparées
et je Te regardais
J'avais préparé les courgettes à la pizzaiola
Tu les aurais mangées le lendemain
seulement deux grosses courgettes
je n'en avais pas d'autres
mais je voulais Te faire goûter
une spécialité italienne
Quatre morceaux
je les ai placés sur le meuble
derrière la colonne
et j'ai continué à T'observer
en silence

Gimmy s'approche
je ne lui prête pas attention
je n'avais d' yeux que pour Toi
D'un coup mon regard est attiré
par les mouvements de Gimmy

Il mangeait
une courgette crue
Je suis allée près de lui
et à voix basse
je lui murmure
Gimmy elles ne sont pas cuites

mais elles sont délicieuses
m'a -il répondu
Gimmy elles sont pour Guruji
Pardon
il s'est arrêté
Fractions de secondes
Tu es apparu derrière la colonne
Tu as pris une courgette
Tu l'as porté à la bouche de Gimmy

Bouleversée je T'ai regardé
Tu étais assis assez loin
à l'autre bout de la pièce
l'endroit était bruyant
Tu ne pouvais pas nous entendre

Tu m'as regardé
Tu es retourné à ta place
C'était incroyable
Tu m'as démontré que Tu sais tout

Plus tard
Inconsciente
j'ai brûlé les deux courgettes restantes
dans le four
Tu n'as pas valorisé mon don
mon ego s'est rebellé

Je préparais la pizza

Tu es entré dans la cuisine

Je pétrissais les petits pains de pizza
pour la soirée
Tu t'es approché
Woh pizza Tu t'es exclamé

Soudainement
je me suis éloignée
à l'autre bout de la cuisine
je me suis réfugiée
effrayée

La veille
sur les escaliers
Tu m'avais chassée
Tu étais le seul
à en connaître la raison

Tu m'as rattrapée
Tu m'as foudroyée du regard

Tu as regardé les autres

et Ton regard parlait clairement
sur l'imbécilité de mon comportement

Le lendemain au déjeuner
assis sur le banc habituel
ils T'ont servi le repas

Nous tous debout comme toujours
une forme de respect pour le Guru

J'étais distante
toujours à l'autre bout de la pièce
Anna Raffaella
come
Tu as indiqué la chaise
devant Toi
je devais manger
à table avec Toi

Gênée
Je suis arrivée

Mon Amour
Tu te voiles toujours

Même alors je savais qui Tu es
mais Toi

afin d'avoir une relation d'Amour
avec nous mortels
Tu te fais petit et humain

À Yamuna

Ce matin-là il y avait de l'excitation
dans l'Ashram
nous étions nombreux
Moi au contraire j'étais calme
insouciante
À un moment donné
rapidement
tout le monde était dehors
j'ai mis du temps avant de réaliser la situation
les risciòs se sont vite remplis
vous êtes partis
Je me suis retrouvée toute seule
Lorsque j'ai vu la vidéo de vos bajans*
à Yamuna**
j'ai compris que Tu m'avais voilé
privée
des plus beaux souvenirs de Holi***
La colère m'a envahie
Une ruse de mon Satguru
Mon ego ne voyait plus que ça

*__Bhajan__: chant dévotionnel en sanskrit.
**__Yamuna__: fleuve sacré de Vrindavan.
***__Holi__: une des plus importantes fêtes sacrées hindoues, la fête des couleurs.

Tu
travailles sur notre ego
en voilant Ta mission
qui est de nous accompagner vers Dieu

et moi je suis tombée en plein dedans

Holi 2020

Tu m'as sauvée la vie

Le 25 février je tombe malade
grippée
Je toussais

Mon amie bramacharini
me dit
Je pense que tu as attrapé le covid

Le 27 je pars pour Vrindavan
Je participais au festival Holi
j'allais bien
Arrivée à Vrindavan
je recommence à tousser

Je tombe gravement malade
sans fièvre
Extrêmement faible
pendant deux jours
je ne suis pas capable de sortir du lit
Je ne mange pas
Je ne fais que dormir

Guruji arrive à Delhi
le troisième jour

et je sors du lit
j'ai été guérie

Dans la soirée
Guruji arrive à Vrindavan
on Lui parle de moi
Il me met en quarantaine
à l'extérieur de l'ashram
Guruji veut le test covid
Pendant deux jours
on m'accompagne à l'hôpital de Vrindavan
inutilement
ils n'ont pas pu faire le test

Je vais à Delhi toute seule avec le chauffeur
Guruji ne permet à personne
de m'accompagner
Il dit que je suis comme à la maison
Étrange
je ne connais que l'aéroport de Delhi
Sortie de la clinique nous avançons au pas
Dans la rue latérale est garée
une grande voiture noire
avec la portière ouverte

Impossible ne pas la voir

En passant mon chauffeur claque la portière
Ils se disputent
il a tort
enfin nous repartons
j'étais inquiète
je pensais qu'il était ivre

Au village
il a même failli écraser un chien
Comme c'est étrange
les chauffeurs de l'ashram
sont tous très bien sélectionnés

Je reste en quarantaine
Pendant dix jours
j'attends le résultat du test
qui n' arrive pas
Je ne peux pas participer aux festivités de Holi

En ma chambre
la seule fenêtre disponible
était dans la salle de bain
donnant sur la cour intérieure
j'étais en compagnies des vaches
Le dernier jour de la fête arrive
Je profite des deux dernières heures
Je danse et chante sous la scène de Guruji

Le résultat du test covid était négatif
ils m'ont permis de participer

Après la fête
je vais acheter de la nourriture
je prends un risciò
Le conducteur conduit très calmement
il m'attend devant le magasin
nous retournons à l'ashram
tranquillement
En remontant la route vers l'ashram
une moto vient sur le côté opposé
la rue est spacieuse
Mon risciò est d'un côté
la moto de l'autre

Soudain le chauffeur du risciò
perd le contrôle de son véhicule
sans aucune raison
Il braque de droite à gauche
coupe la route à la moto et la heurte de plein fouet

Je vois la scène comme dans un film
Terrifiée
Je perçois
une intervention extérieure
je me suis dit

c'est fini
J'appelle Guruji dans mon coeur
Le motocycliste tombe violemment
et sa tête heurte le sol contre les fers du risciò
la grande moto l'écrase

Je suis sur le point d'être lancée violemment
de la banquette arrière du risciò
au-dessus de la moto

Je suis retenue
déviée par un force invisible
je frappe légèrement
sur le siège avant

Incrédule et impressionnée
je regarde la scène

Mon envol a été interrompu
Guruji m'a sauvée

Le conducteur de la moto
grièvement blessé
la tête en sang
est transporté à l'hôpital

Je suis choquée

J'étais sur le point de finir de la même façon
Les gens se fâchent
avec le conducteur du risciò
responsable de l'accident
Je me ressaisis
Je descends et je le paie
je ne l'accuse pas
J'avais perçu une intervention extérieure
Le conducteur poursuit sa route
en conduisant tranquillement comme avant
Je ressens que je dois honorer Guruji
pour cette grande grâce reçue

La relique

Après l'accident
je demande à Guruji
comment pourrais-je exprimer ma gratitude

Il ne répond pas
Je suis habituée
à Ses silences
Je sais que les faits
me guideront
Une semaine plus tard
il y avait la vente aux enchères
de vêtements et d'objets de Guruji
pour soutenir l'Ashram
Les prix étaient élevés
Les dévots Portugais
et Allemands
justement cupide
de recevoir l'énergie du Maître
augmentaient les prix
La pandémie de covid se propageait
L'Italie avait sombrée sous de sévères restrictions
pour la diffusion élevée
Swami G dirigeait la vente aux enchères
Il n'a cessé de nous exhorter

pour que nous achetions
une relique de Gurudev
pour l'Italie
Un appel pressant insistant
Je venais de vendre la maison
J'aurais aimé acheter
mais les prix étaient élevés
Je devais acheter une maison
à mes filles
Je voulais mettre de l'ordre
dans ma vie familiale
pour suivre mon Maître
La relique d'un tissu est arrivée
avec les empreintes de Guruji
prises à Vrindavan lors d'un Abishekam
Une puissante relique sacrée
Swami G appelle les Italiens à acheter
J'ai le sentiment que cette relique doit arriver en Italie
Je comprends que Gurudev veut cela en remerciement
Comment faire
je dois arrêter les dévots portugais
J' ai poussé un cri
arrêtez cette relique est pour l'Italie
arrêtez de relancer
autrement je n'y arriverai pas
Ils arrêtent
La relique est à moi

Elle est arrivée le lendemain à Milan
dans la zone la plus touchée par la pandémie
Pendant la pandémie
lorsque la mobilité est redevenue normale
la relique a été vénérée
de semaine en semaine
dans de nombreuses maisons de dévots
du nord au sud de l'Italie
Elle se trouve maintenant dans l'Ashram
en Italie
Je ne connais pas les raisons
pour tant de grâces reçues
Je sais seulement que Guruji récompense
une goutte de nos sacrifices
par d'immenses bénédictions
Je perçois insignifiante ma vénération
devant la grandeur de Son Amour

Mes cendres dans la Yamuna

Le covid se propage aussi en Inde
les frontières sont bloquées
Nous sommes enfermés dans l'ashram
pour un mois

Une expérience merveilleuse
Guruji était avec nous

En avril
la possibilité de retourner
dans nos pays se débloque
Les ambassades alertées
équipent les vols
Moi désormais sans domicile fixe
hôte permanent
je ne voulais pas rentrer
J'ai demandé à prolonger mon séjour
Guruji en public m'a parlé comme ça
Si tu veux rester écris une déclaration
à ton ambassade
que de ton plein gré
Toi tu demandes à rester
et écris que
si tu décèdes

nous n'embarquerons pas ton cercueil
nous t'incinérerons
et jetterons tes cendres
dans la Yamuna
Écris
a-t-Il répété

J'éclate de rire gras
en exclamant
que ce serait bien
Je n'ai pas pu me retenir de rigoler
et le commentaire sur mes cendres dans la Yamuna
Un rire collectif s'est élevé
Guruji a continué très sérieux
Et si tu meurs
dans aucune tchatte de Bhakti Marga*
la nouvelle ne sera publiée

Obnubilée
J'ai réagi en riant
et inconsciente
La mort ne m'a jamais effrayée
J'ai confirmé j'écrirai la déclaration
Ce n'est que bien plus tard

***Bhakti Marga**: le mouvement créé par Paramahamsa Vishwanda pour soutenir sa mission, auquel je me joins.

j'ai réalisé que Gurudev ne dit jamais
rien au hasard
Il me protégeait d'une dette karmique
qui m'attendait depuis longtemps
C'est pour ça qu'il m'a enfermée
pour toute la période de Holi

Quelques jours après
Guruji partait
et avant de nous quitter
il nous a bénis
Il était assis à la table habituelle
Et moi je suis allée m'asseoir
en face de lui
ce que je ne faisais jamais
Il s'est tourné vers moi
Hey madame
ici il faut faire la queue
pour Me saluer
Je me suis levée en riant
J'ai fait la queue
Quand ce fut mon tour
Il m'a béni
Puis Il m'a dit
Pourquoi veux-tu rester
Tu ne vois pas que tes pieds
sont enflés

Je Lui ai répondu que je préférais rester
Il m'a répété
alors tu dois rédiger la déclaration
J'ai confirmé
mais j'ai pris mon temps
Finalement j'ai écrit la déclaration
mais j'ai demandé de vérifier
auprès d' un avocat
La bramacharini de l'Ashram
a joué un rôle de médiateur
J'ai mis en place des stratégies
de résistance pour rester
J'étais sans abri
pas d'endroit où aller
Guruji m'a laissé faire
pendant plus d'un mois
Quand
Ses dernières dispositions sont arrivées
j'ai appelé l'ambassade
et je me suis faite embarquer

J'ai passé peu de temps en Italie
dans la maison de mon amie
En Allemagne
la propagation du covid s'était arrêtée
et je suis repartie

En réfléchissant
avec détachement
à ce qui s'était passé
je me suis rendu compte
que Guruji ne prononce jamais
des mots vides et qu'Il
m'avait déjà sauvé d'un grave accident
Et il a continué à me protéger
en me permettant de rester à l' Ashram de Vrindavan
jusqu'à la réouverture des frontières
et j'ai pu aller vivre en Allemagne

Vrindavan 2020 avec Guruji

Le covid nous avait enfermés dans l'ashram
j'habitais dans la nouvelle maison
en face du Temple
depuis ma fenêtre je pouvais voir Ta terrasse

Quelle Grâce
tôt le matin je m'entraînais dans le jardin
au dîner et au souper nous Te rencontrons

L'Ashram
était un chantier en construction
les travaux de rénovation avaient été stoppés
par la pandémie
Les files électriques pendaient partout
sur le plancher poutres et éclats de fer
je devais faire attention
où je posais mes pieds
à chaque dîner et souper
j'enjambais les obstacles

Les deux Swamis
cuisinaient en s'alternant
avec leurs respectives équipes
on mangeait très bien

Les marmites posées sur des tables improvisées

La vision de Toi
pendant les repas
c'était incroyable
Sous un auvent provisoire
une table de fortune
seule la nappe décorative sauvait la situation
autour de Toi peu d'invités
le reste d'entre nous était assis
pour manger où nous pouvions

En file indienne
nous venions chercher le repas
toujours copieux
Nous T'observions
et quelques fois Tu nous regardais
Tu nous parlais
Nous étions heureux
de cette intimité forcée
nous connaissons la valeur
d'être auprès de Toi
La Grâce que Tu nous donne
La plupart d'entre nous
étions bloqués
à l'ashram par la pandémie
Difficile de trouver des avions

et avoir l'autorisation de rentrer

Je n'avais jamais essayé de m'arrêter
auprès de Toi
l'orgueil m'en empêchait
Je craignais Tes reproches
je me contentais de Te regarder
pendant que je retirais mon assiette

Illusion
comme d'habitude
lorsque j'évite Tes reproches
Tu me rattrapes
je ne peux m'échapper
Tu travailles sur mon ego
Un jour la bramacharini
m'invita à m'asseoir
dans un coin en face de Toi
J'acceptai l'invitation
pour la première fois
Je pouvais profiter de Ta vision
Je venais juste de m'asseoir
Tu m'as apostrophée
qui me donnait la permission de m'asseoir
En me levant
J'ai répondu en italien
Rishi a traduit

Ce n'était pas mon initiative
j'étais invitée
Tu as fait un geste en signe d'invitation
afin que je m'assoie plus près de Toi
C'est remarquable
chaque fois que Tu me fais un cadeau
Tu commences toujours par me réprimander
au début je ne comprenais pas
maintenant je sais
de cette manière
Tu rééquilibres empêchant la création de nouveau karma*

***Karma**: toute action physique ou mentale créent des conséquences.

Vrindavan 2020

Le jeu de millionnaire

Rishi avait construit le jeu du millionnaire pour dévots
un jeu-questionnaire
Il fallait répondre aux questions
sur les enseignements de Gurudev
et ceux qui ne savaient pas répondre
recevaient des coups de baguettes
directement de Guruji
En apprenant la nouvelle du jeu
nous étions en effervescence
beaucoup d' heures à passer avec Toi
Le premier soir du jeu
Tu étais assis à la table
sous la canopée
Le châle habituel T'enveloppait la tête
totalement couvert
on ne pouvait presque pas Te voir
avec un bâtonnet à la main
Tu t'amusais à nous effrayer
en nous envoyant
des regards sinistres
et nous tous entassés autour de Toi
nous étions heureux
J'avais trouvé un endroit parfait
pour Te regarder

j'étais heureuse

Le jeu était sur le point de commencer
Tu t'es tourné vers moi
Que fais-tu là
tu ne sais pas l'anglais
Va dans ta chambre
va prier
J'ai sombré dans la honte
hors compétition hors de vue
je suis partie en colère
Le soir suivant calmement
j'ai essayé encore
dans un coin
Tu m'as permis de rester
Quel spectacle
Des soirées inoubliables auprès de Toi
Rishi posait les questions
les jeunes rivalisaient
et Toi en capuche
Tu distribuais
des petits coups de baguettes

C'était une façon
amusante d'apprendre
Tu inventes toujours des méthodes
afin de nous enseigner la voie spirituelle

Le jardin de Gurudev

La nouvelle maison en face du temple

était très belle

tout autour

un grand jardin

Je me disais

enfin une belle maison pour Guruji

À Vrindavan Tu n'avais

qu'une seule pièce

même pas spacieuse

tout en haut avec une terrasse

très frugale

une commode un grand lit

Je la connaissais

J'avais nettoyé Ta salle de bain

et sur la terrasse

j'avais enlevé les tâches

et repassé Tes habits

La joie m'envahissait

pendant que je m'occupais de Tes vêtements

ou courbée dans la salle de bain

je nettoyais

Combien de sacralité

Il y avait Ton énergie

Ce n'est pas facile à expliquer
tu donnerais ta vie pour Ton Satguru
Tu voudrais te prosterner pour le servir en permanence
et tu L'aimes d'un Amour pur et absolu

Vrindavan ma première maison
Combien de don à Vrindavan
À Springen je ne connaissais pas Ta maison
je reste une étrangère en visite

Et à chaque fois que j'y pense
mon coeur se serre
je ne suis même pas entrée dans la communauté
Même le Seva ne m'a pas été accordé
les maisons où j'habitais
sont loin de l'ashram

Que d'efforts physiques
Que d'inconvénients
à 73 ans je dois traverser cette crise
Mais pas d'importance
la souffrance que je ressens parfois
passe très vite
Me viennent à l'esprit
l'image très chère de Swami* P.

***Swami**: chef spirituel (homme) et représentant de Paramahamsa Vishwananda.

et ses paroles
bénédictions bénédictions
Je sais
nous devrions fuir
de Ta douceur
de la finesse de Tes câlins
Tu n'es pas là pour nous câliner
Tu es là pour travailler sur notre ego
pour nous libérer du karma accumulé
afin nous emmener vers Dieu
Oui
elle est très belle cette nouvelle maison
en face du temple de Vrindavan
avec un grand jardin
J'habitais là
Quel cadeau
Lorsque Tu te penchais depuis Ta terrasse
je Te voyais
Chaque matin
je marchais d'un bon pas dans le jardin
C'était un jardin florissant et verdoyant
les travaux de restauration de la maison
l'avaient malmené
les plantes souffraient
Je me souvenais de l'année précédente

les beaux grands lingams*
les riches arbustes de Tulsi**
les arbres en fleurs
Maintenant les arbres étaient desséchés
plus personne ne s'occupait d'eux
poussiéreux
entourés de briques abandonnées
à cause du Covid
Un arbre
en particulier
me fendait le coeur
il était désormais desséché
les feuilles toutes mortes
le tronc tout sec
je ne pouvais en supportais la vue
C'était le jardin de Gurudev

Mais il ne pleuvait plus depuis longtemps
Un jour je décidai de le soigner avec la Tulsi de mes sachets
de thé
Du fond de mon coeur je T'ai demandé
de m'aider
Tu étais déjà parti
je n' abandonnais pas

***Lingam**: manifestation des pierres du Dieu Shiva, véritable murti.
Tulsi: basilic sacré.

je ne supportais pas
de voir les arbres et les plantes
dans cet état
Je n'ai pas arrêté de Te prier
Avec un verre
je versais l'eau avec la Tulsi sur les troncs
afin qu'elle arrive jusqu'aux racines
également sur l'arbre desséché
j'ai continué pendant plusieurs jours
peut-être cinq
Je n'arrêtais pas de Te prier

Ce matin là
je me suis levée
je suis allée dans le jardin
pour mon rituel
Incroyable l'arbre desséché
avait refleuri
recouvert de nouvelles petites feuilles
brillantes et scintillantes
Les plantes
avaient repris un aspect
luxuriant
Revivaient
Tu avais entendu mes prières
Par amour
Tu as sauvé le jardin

Vrindavan 2020

Tu ne me bénis plus les murtis

Quelques jours avant de partir
Tu nous as rassemblés
pour donner un Satsang
Le Satsang terminé
Tu partais
je me suis approchée
je T'ai demandé de bénir
la petite Murti de Giridhari*
Tu m'as répondu
Non
Choquée je ne savais plus quoi faire
Tu as regardé autour de Toi
en me pointant du doigt
Tu as continué
cette (femme)
continue d'acheter des Murtis
et nous ensuite
nous devons les garder au Temple

J'étais abasourdie
La réalité s'était inversée
Tu me contraignais à Te donner les Murtis
Et moi je ne voulais pas

***Giridhari**: une forme du Dieu Krishna.

Je restais silencieuse
Te fixant désespérée
En sortant Tu m'as regardé
d'un sourire moqueur
Tu m'as demandé
Tu as capituto
imitant l'italien
Je ne me contrôlais plus
Je T'ai répondu agacée
Non

Gurupurnima 2020

En attendant
mon pèlerinage continuait
entre Springen Turin
Mauritius et Vrindavan

Le 19 juin 2020
l'Ashram de Srhee Peetha Nilaya
en allemagne
fermé en raison de la réglementation covid
rouvre l'accueil
je l'apprends la veille

Je suis d'accord avec les dévots
très chers amis de Milan
Le lendemain matin à l'aube
je dois aller à Milan

Je me précipite pour faire une valise
à la dernière minute
elle se brise
je dois la remplacer

Quel stress

J'étais à Turin
chez ma très chère amie Chiara
Encore un ange
qui m'a été envoyée
afin de soutenir mon état de gitane
À chaque fois que Gurudev
me fait un don
je suppose que par la loi du Karma
Il me fait travailler dur

Après plusieurs vicissitudes
je pars pour l'Allemagne
sachant qu'en Suisse
je peux être arrêtée à tout moment
pour restriction de covid
Je rassure mes amis
j'accepte ce risque

L'après-midi
avant la tombée de la nuit
nous arrivons à l'Ashram
Toi Gurudev
Tu nous attendais
allongé sur le banc
à l'entrée de l'Ashram
avec tes proches

Quel cadeau

Nous sommes sortis de la voiture
et nous nous sommes agenouillés

Tu t'es adressé à mes amis
en disant
Oh vous m'avez apporté madame Ougrà
Depuis ce jour-là
je ne suis plus jamais retournée en Italie
les amies et les amis m'ont soutenus
me ramenant un peu à la fois
les bagages laissés
dans le grenier de Turin

Mon très cher ami
Vasudeva Das
a patiemment
sélectionné et emballé mes affaires
Un travail fondamental de minutie
pour mon déménagement définitif
en Allemagne
Combien d'amour
je lui suis profondément
reconnaissante
Toi
Gurudev

à l'intérieur
Tu me disais
ce que je devais T'apporter
ce que je devais offrir aux autres
et ce que je devais garder

Je me suis retrouvée avec des livres
et des cahiers
et quelques chiffons à porter
J'ai même dû donner en cadeau
les petites choses de rien du tout
celles qui ravissent les yeux
et sont confortables
Les plus belles Murti
Tu me les as enlevées
je ne sais pas où elles sont

Lorsqu'une valise arrivait de Turin
je devais Te l'offrir ou en faire cadeau
Ta pression interne était pressante
et moi je passais
pour la vieille grand-mère
insistante qui ne cessait d'inonder Guruji
de Murti et d'objets inutiles

Personne ne pouvait imaginer
que Guruji mettait en scène

le jeu de la grand-mère envahissante
afin d'obliger ma fierté
à faire ce que je ne voulais pas faire
et m'obliger à abandonner

Toi Gurudev
Tu travaillais sur deux fronts

Combien de fois
en public
Tu m'as réprimandée
pour des cadeaux que je T'apportais
et j'ai toujours accueilli
Tes reproches
et j'écoutais les tendres conseils
des moines, dévots
d'arrêter d'offrir des cadeaux

Un cher ami moine me disait
tu mets ta tête dans la gueule du lion
Tu es sacrificielle
et moi je souriais

Que dire

Le lion le prétendait
Qui m'aurait cru

Pourtant Guruji a toujours
accepté mes cadeaux

Rarement j'ai retrouvé dans ma valise
quelque chose à l'intérieur
il y avait des pierres précieuses
et une de Tes reliques
Si je pense aux choses étranges que Tu voulais
et que je t'apportais en rouspétant
ce n'est que maintenant que je comprends
que Tu travaillais sur le karma de ma famille et celui des
personnes qui me sont chers
Combien de bénédictions avons-nous reçues
Pour le moment
Tu m'as laissé garder
livres et cahiers
Mais la splendide relique
qui m' accompagnait
pendant plus de deux ans
maintenant est revenue jusqu'à Toi

LA MURTI DE SRI RAMANUJA

Je vais au magasin
une magnifique petite Murti de Sri Ramanuja*
m'a attiré

Elle était très coûteuse

Je n'en avais pas besoin
Je n'avais pas d'argent

Je me suis éloignée

À l'intérieur de moi
la pression se faisait insistante
Tu voulais que je l'achète

Je ne pouvais pas y croire
une belle Murti coûteuse
et à nouveau un cadeau

comme un enfant impatient
qui me donnais des coups de pieds
Tu ne m'as pas laissée en paix

***Sri Ramanuja**: théologien et philosophe, grand représentant de la lignée (Sampradaya) hindoue "Sri Vaishnava".

à l'intérieur

Pour finir
comme toujours
J'ai cédé
et je l'ai achetée
même avec un emballage cadeau

Et maintenant comment faire

Toujours le même problème
comment Te la donner

Je suis allée au Temple
à cette heure-là il n'y avait personne
à part un bramachari
Soudain
Tu es arrivé avec Swami Amanda*

Tu t'es assis derrière moi
sur le banc au fond du Temple
Tu m'attendais
Je suis toujours inquiète
lorsque je dois T'offrir un cadeau
ceci pourrait être une leela

mon orgueil était en alerte
En moi
Ta pression augmentait
J'ai pris mon courage
Je suis venue vers Toi
À genoux
Je T'ai offert le paquet cadeau
Tu l'as pris
Tu as regardé à l'intérieur

Pourquoi
m'as-Tu demandé
Je T'ai répondu
comme d'habitude
Je ne sais pas

Tu as appelé Akshmil
Tu lui as dit de prendre la Murti
Ensuite
Tu t'es tourné vers moi
en me disant

Tu sais les pierres
que tu m'as ramenées de Vrindavan
se sont des Saligrams*

***Saligram**: pierres manifestations complètes du Dieu Vishnu, véritable Murti

Puis Tu m'as congédiée
Je sais parfaitement
Tu n'as pas besoin de mes cadeaux
mais de cette façon
Tu travailles
sur l'obéissance
et sur l'abandon

Titignano

Retraite de silence
Dix jours de retraite spirituelle
avec Toi

Un joyau de village médiéval italien

Depuis les remparts du village
le regard se perdait à l'horizon
au-delà des collines
somptueuses
verdoyantes

Nous avions l'habitude de Te
rencontrer six fois par jour
inondés de Grâce

Le travail d'observation
en silence dans l'obscurité était profond
Les promenades quotidiennes
sur les sentiers à flanc de la colline
étaient pénibles pour moi

Je suis née dans la plaine d'Italie

dans le Tavoliere des Pouilles
j'ai vécu dans les montagnes
mais je ne sais pas marcher
sur les chemins montagneux

Une épreuve difficile
Avec Toi on marche beaucoup
J'étais toujours à la traine

Distanciée
Je me perdais
Un jour
l'angoisse me saisit
je ne vous voyais plus
je ne vous entendais plus
je ne savais plus ou j'étais
La montée était imprévisible

Abandonnée
Tu m'avais abandonnée

Je regarde autour de moi
Je me retourne inquiète
Comme un fantôme
un jeune dévot
me suivait
à distance

J'ai repris mon souffle

Tu ne m'avais pas abandonnée
j'étais accompagnée
Le terrain était très accidenté
j'avais totalement ralenti le pas
moi et mon surveillant étions perdus

Tout d'un coup
Hey
Ton cri faisant écho
m'a rappelé
Nous avons su où Tu étais

Toute Ton immense douceur
Ta délicatesse
envers moi tout disparait
Tu deviens rude

Je sais pourquoi
Durant toute ma vie
je n'ai reconnu aucune autorité
et maintenant Tu veux que je
me prosterne devant Toi

Dans les bois de Titignano

Tard dans la soirée
Tu nous faisais faire une méditation
dans les bois
dans le noir
avec la lampe de ghee*

La première nuit
Amélie**
c'est comme ça que je me définis souvent
elle emmenait la chaise
et la lampe à ghee
dans un pot en terre cuite
Convaincue de m'asseoir
J'ai allumé la lampe
Le pot en terre cuite surchauffé
me brûlait la main
Je pose le pot sur la chaise
j'étais obligée de m'asseoir sur le sol
je pose ma main par terre
tout était mouillé et
couvert de fumier
Il avait plu

***Ghee**: beurre clarifié qui, en Inde, est également offert aux divinités.
**Amélie: un personnage très naïf du film Le Fabuleux Destin d'Amélie Poulain de Jean-Pierre Jeunet.

Je portais un pantalon
large en soie beige
très léger
le seul que j'avais et
je n'avais pas le droit de le laver

Je me suis assise par terre
Abandonnée aux tâches que Tu m'avais fixées
et désolée
Je n'avais pas d'autres alternatives
je n'aurais pas gardé longtemps
cette condition

J'ai commencé la méditation
j'ai perdu la notion du temps
Au bout d'une heure j'étais toujours là
presque tout le monde était déjà parti
J'étais une des dernières à me lever
je touche mon pantalon
Étrange
je n'étais même pas mouillée
j'étais parfaitement sèche

Dans la chambre à la lumière
je regarde le pantalon
il était propre

Incroyable

Tu m'avais protégée

Ce jour - là tu m'as offert l'Amrita

Maintenant
lorsque j'y repense
l'émotion me submerge

Quelle grâce spéciale
Avons-nous reçu

Tu travaillais à l'autel du nouvel Ashram
Tu étais en tenue de travail

Nous
un petit groupe de fidèles
du village
Nous T'attendions

Nous savions que Tu partais
pour quelque temps
nous ne Te verrions plus

Tu descendais
du bungalow à l'Ashram

Imposant Tu m'es apparu
comme jamais

Magnifique

Lorsque Tu m'apparais
comme un simple mortel
mes yeux se remplissent de larmes
Tu es devenu moine
Tu nous apprends à aimer
sans attachement matériel

Et moi
qui ai toujours évité les simples mortels
je me suis abandonnée à Toi

Tu nous as montré un geste de déception
pour notre silencieuse et invasive attente
Tu nous avais déjà dépassé
puis soudain Tu t'es arrêté
Tu reviens sur tes pas
Au bord de la route
Tu as ramassé deux feuilles épaisses
dans l'autre main un petit bol
est apparu
Tu as courbé les feuilles
nous nous sommes tous précipités à la queue
Tu as distribué l'Amrita*

**Amrita*: Nectar Divin.

Encore aujourd'hui
Le souvenir m'émeut

Ta silhouette imposante
se tenait
bien au-dessus
le sourcil froncé
Moi agenouillée
Tu as été contraint de nous nourrir
Quel don souverain
Rapidement
Tu t'es éloigné
Et moi
J'ai couru après toi
Le temps d'entendre
Tes sanglots

Je savais
Tu souffrais pour me faire vivre
cette vie

Je sanglotais aussi
Pourtant je sais
Tu es mon Satguru
Tu as promis
de me purifier

pour Dieu
et moi
j'ai choisi le Sacrifice

Je me considère bénie
par la Grâce
de T'avoir rencontré

C'était le jour où mon Seigneur nous a offert L'Amrita

HOLI - J'AI JOUÉ AVEC TOI

Holi* 2018
Je me suis approchée sans gêne
en riant
Je T'ai jeté fortement
les poudres colorées
dans les yeux

Tu n'as pas bougé
Je T'avais assombri
Tu as enlevé tes lunettes noires
Tu as passé les mains
sur Tes yeux merveilleux
Swami inquiet
T'offrait un mouchoir
Tu as répondu ce n'est pas nécessaire

Moi

---

*__Holi__: l'une des plus importantes fêtes religieuses hindoues. Holi est célébrée dans les jours précédant dans la pleine lune du mois de Phalguna (février-mars). Cette fête marque le début du printemps, évoque les récits des Écritures védiques sacrées et, depuis l'antiquité, est un moment où toutes les normes sociales sont «boulversées». Pendant Holi, les gens se jettent les poudres colorées et de l'eau. Holi est associé à des évènements importants consignés dans les écritures sacrées, comme l'histoire de Holika et Pralad, des dieux Shiva et Parvati et celle de Radhe et Krishna. Les histoires symbolisent la victoire du bien sur le mal, de la lumière sur l'ignorance, et, que la différence de classe sociale ou de peau entre les humains, ne sont pas importantes.

Immobile
Je Te regardais

J'attendais que Tu Te fâches
Mais ça n'est pas arrivé
Tu as souri
Tu as joué avec moi

Sept décembre 2020

Du bout du sentier
qui mène à l'Ashram
ma silhouette
à capuche noire
solitaire
descendait

J'entrevoyais les premières maisons du village
Je rentrais
la ruelle qui montait vers l'Ashram
était verglacée
impraticable

Le village enneigé
était tombé dans un silence engourdi
j'étais isolée
Aucun soulagement à ma solitude
Quotidienne
je ne pouvais rejoindre le Temple

Un froid glacial

Des diamants aux mille formes
recouvraient les maisons et les vignes

des plantes grimpantes
des baies colorées
des stalactites
pendaient
aux brindilles
des arbustes enneigés

Fascinant
même en hiver
ce coin de terre bénie

Deux jours plus tard Tu nous aurais quittés
Tu aurais regagné Ta terre bien-aimée
Pour la première fois
un long séjour était attendu

Shree Peetha Nilaya* était affligée

J'étais enveloppée dans mon silence

De manière inattendue
deux individus encapuchonnés
distraitement J'ai aperçu

Regardant à nouveau

---

*__Shree Peetha Nilaya__: la demeure de la Mère Divine, l'Ashram de Guruji en Alemagne.

J'ai entrevu Angi
Le coeur a pris un rythme accéléré
Sous la capuche
Ton visage sombre
s'entrevoyait
de l'autre coté de la rue
Presque en trébuchant j'ai couru
sur le bas muret
de la maison d'angle
Je cherchais un appui
pour m'agenouiller

Tu t'es arrêté
Comment vas-tu
Pour la première fois
depuis le 19 juin de 2020
Tu m'as parlé
sans me réprimander

J'ai bégayé
Le rythme du cœur
toujours accélérée
Confuse
Bien
J'ai presque murmuré

Il fait froid
Tu t'es exclamé

Étourdie et figée
j'ai bafouillé
Non ça va
Une scène surréaliste de
Ridolini

En Ta présence
la maitrise de moi-même
se noie dans la maladresse

Tu m'as cherché
pour me saluer
pour me dire
que j'étais dans Tes pensées
Tu ne m'abandonnais pas

Mauritius, 2021

Le miracle des pains et des poissons

Maurice
Dans Ta merveilleuse terre natale
par le passé
Tu étais reconnu comme guérisseur
et Tu es revenu en tant que Satguru et constructeur de
temples

Il y a deux ans
lors de tes Darshans
nous n'étions pas nombreux
surtout des étrangers

Cette année
L'ashram ne nous contenait plus
nous les étrangers
étions sur la route
des heures d'attente
La population locale arrivait
par centaines
et puis sortait

Tu as parsemé le sol de l'Île Maurice
avec Tes Darshans
plusieurs jours par semaine

dans les endroits les plus perdus
dans des ghettos
dans des somptueux locaux

Le gouvernement
T'avait enfin ouvert les portes
Reconnu
Par centaines ils accouraient

Nous T'accompagnions
pendant les jours précédents
et les Bajans street informaient les gens

Ta famille tes proches cuisinaient
pour toutes les personnes en attente
pendant des heures dans la nuit
Ils arrivaient en camionnette
les énormes chaudrons remplis de nourriture

Ton Père
a travaillé dur toute sa vie
de l'aube jusqu'au milieu de la nuit
dans un hangar
il vendait à manger
pour soutenir toute sa famille
il n'a pu profiter de moments avec Toi
Les larmes aux yeux

dans un interview il s'est raconté
Depuis le premier jour j'ai aimé
cet homme au visage ridé
vieilli par la fatigue et le soleil
doux et humble de peu de mots
Je le voyais partir au petit matin
avec son vélo les sacs
et les grands cabas à commissions
il continuait de travailler

Et maintenant aux Darshans
derrière les énormes chaudrons
Ton Père distribuait la nourriture
avec toute sa famille
ils travaillaient à la chaîne
Les repas étaient gratuits
Je ne comprenais pas
Je connaissais bien les besoins de l'Ashram
pour se maintenir
et maintenant on distribuait une énorme quantité de
nourriture gratuite
Pendant plusieurs soirs j'ai observé
les mêmes scènes
Nous étions presque un millier
et la nourriture suffisait toujours
pour tout le monde
même en double portion

Les casseroles étaient grandes
comme celles d'une cantine ou celles d'une caserne
militaire
je ne comprenais pas comment elles pouvaient être
toujours aussi pleines
jusque tard la nuit
Un soir je me suis attardée
observant là devant moi
stupéfaite par l'abondance et les arômes
de ces plats
Quel était le mystère
de ce flux continu de nourriture
qui se reproduisait

Un flash m'a ouvert l'esprit et le coeur
On leur offrait Prasad Amrite
Gurudev remplissait les chaudrons
il nous nourrissait par Sa Grâce
et Son Amour

Une expérience extraordinaire

La pandémie nous avait enfermés à la maison
depuis un mois
nous ne pouvions plus nous rendre au temple

Les derniers jours de permanence à l'île Maurice
Tu étais en pèlerinage
Pour la première fois
intérieurement
je T'ai demandé une Grâce
D'habitude je ne demande pas
Tu m'accordes toujours
ce dont j'ai besoin

Je T'ai demandé de voir
Ta chambre
celle dans laquelle Tu as vécu
jusqu'à l'émigration

Ce jour là je me suis sentie appelée
j'ai apporté de l'argent au Temple
une donation

Le règlement était strict
c'est Toi-même qui l'avait imposé

On ne pouvait pas entrer
Ton père est venu au portail
a pris la donation
j' ai eu le courage
je lui ai demandé
de voir la chambre
il me l'a accordé

Tu avais écouté mes prières
Rapidement nous avons suivi
Ton père
Les résidents étaient dans le Temple
aux prières
ils nous ont vus
Marga est sortie en courant
Elle a essayé de nous arrêter
on ne pouvait pas entrer
Je ne l'écoutais pas
personne ne pouvait m'arrêter

Je suis entrée dans la chambre
le temps s'est arrêté
il y a eu
silence et vide à l'intérieur
une puissante énergie m'envahissait

elle s'est arrêtée derrière la nuque
Sur les tableaux aux murs
s'écoulaient vibhuti* et kunkum
le petit Sri Krishna**
produisait de l'huile sainte
la chambre remplie
de Murtis et reliques

J'étais choquée
la nuque me faisait mal

Agenouillée
j'ai vénéré Ton tabernacle
sur cette terre
Quelle Grâce m'as-tu accordée
J'ai dû traîner mon amie pour la faire sortir
elle s'était arrêtée pour honorer Hanuman
Marga continuait à me poursuivre
tout le monde t'a vu
en me réprimandant
j'avais enfreint les règles
Mais j'étais tranquille
je savais
c'était ce que Tu voulais

---

*__Vibhuti__: poudre sacrée parfumée manifestation spontanée du Divin.
**__Petit Krishna__: la petit statue de Sri Krishna, l'Avatar de Dieu, descendu sur terre il'y a 5000 ans.

J'ai vu le coeur du Divin
sur cette terre
Ton Tabernacle
dans une chambre minuscule sans fenêtre
Tu es né dans une famille pauvre
depuis ton enfance Tu as renoncé à tout
Tu marchais des kilomètres à pied
pour économiser
afin de T'acheter des petites Murtis
Tu as presque failli brûler la maison
pour faire Ton yagna*
sous le lit
en cachette de Ta mère
Les parois de Ta petite maison
étaient toujours recouvertes de vibhuti
Ta mère désespérée et inconsciente
continuait à nettoyer inutilement
un jour désemparée elle s'est confiée à sa voisine
La voix s'est répandue
les gens savaient
ce qu'était la Vibhuti
alors beaucoup sont venus de toute part
Ta maison était envahie
en file indienne

***Yagna**: feu sacré, dans la religion védique, un des plus importants rituels de vénération de la divinité.

ils Te demandaient de l'aide
et Toi adolescent Tu les guérissaient
Ce jour-là
quel cadeau ai-je reçu

Scicli 2021

Après cinq ans
Tu m'as permis
de retourner en Sicile
dans la maison familiale
Pour la première fois
Tu foulais le sol de Sicile
Tu serais arrivé à Catane
à deux heures d'autobus de Scicli

Lorsque Tu me l'accordes
il n'est pas nécessaire de se parler visiblement
Je Te ressens
et si ce n'est pas une leela*
tout fonctionne parfaitement

Scicli
ma maison rustique sur la colline
à sept minutes de la place baroque
à quinze minutes de la mer

Silencieuse
à côté d'une église

---

*Leela**: un des significations: épreuve à laquelle le Maître soumet le disciple pour travailler l'ego et/ou montrer son degré de confiance.

pleine de reliques et offrandes votives
pour les miracles que le gens ont reçus

Une vue de Scicli et de la colline
d'en haut
attrayante

Lorsque j'arrivais Catherine me disait
voilà maintenant tu vas te cloîtrer dans ton ermitage

Cinq ans plus tôt je l'avais rénové
combien d'efforts
des mois passés à organiser
et surveiller les travaux
Je suis efficace dans la coordination des travaux
mais à Scicli les gens ne connaissent que le Peut-être
Il faut entrer dans leur mentalité
Je n'avais pas beaucoup d'argent
mais je voulais également
quelques touches raffinées
des murs en pierre
des escaliers en cristal
Je devais aimer cette maison
qui serait devenue
ma deuxième maison
je voulais y vivre

Elle est devenue jolie
douillette et accueillante

Une ancienne maison de pierre et de tuf
Ensuite Tu es entré dans ma vie
et mon existence a changé
Je suis tombée amoureuse
d'un Maître spirituel
Réalisé en Dieu
venu sur cette terre
pour nous accompagner vers Dieu

Mon âme T'a entendu
je me suis consacrée à Toi
et à Tes enseignements

Je me suis totalement confiée à Toi
comme seul la Foi peut le faire

Je T'ai suivi
je ne suis jamais retournée à Scicli
jusqu'en octobre 2021
J'ai retrouvé la maison
quasiment telle que je l'avais quittée
jolie accueillante

J'habitais la maison depuis trois jours

Ce matin là
je regarde la fenêtre du salon
les battants en bois étaient fêlés
en refermant le battant de droite
je remarque une fissure profonde
dans le mur porteur

La situation était grave
je donne l'alarme en famille

Il était nécessaire d'intervenir
en urgence
j'étais très inquiète

Je ne demande jamais de miracles à Guruji
Lui sait ce dont j'ai besoin

J'ai arrêté de penser à la fissure
Je voulais agir ayant un esprit plus calme
J'avais besoin de prendre une pause méditative
avant d'organiser les actions à entreprendre

J'agis toujours ainsi
face aux imprévus difficiles

J'aurais appelé mon ami architecte
ensuite

Je me suis tellement détendue
à tel point que je n'y pensais plus

Trois jours plus tard
avant de téléphoner
je regarde le mur
Le mur était propre blanc
sans fissure
comme neuf

Stupéfaite
Gurudev était intervenu

Je prends une photo
j'appelle ma fille
elle qui ne veut reconnaitre le Guru
celui qui lui a enlevé sa mère
elle me dit
on sait que tu as un grand pouvoir

Encore une fois
Gurudev
Tu m'as résolu
une situation très difficile.

La nuit se fait longue

Deux heures

La nuit se fait longue

le sommeil ne vient pas
seul mon stylo soulage mon trouble intérieur

Ton travail sur mon Ego devient de plus en plus intense
donne-moi la force et le courage de le soutenir

Je voulais dix jours de pèlerinage avec Toi
sur Ta terre

J'aurais investi mes dernières économies

Inépuisable ma soif de Toi
Incomprise
Comme Madeleine éternellement agenouillée
Te regardant et T'écoutant
C'est le seul désir ardent de mon Coeur

Tu ne me l'as pas accordé

La grâce est descendue sur moi

Tu nous le rappelle toujours
la Grâce nous atteint à travers le Sacrifice

Et moi je sais bien
lorsque Tu refuses mon désir
Tu souffres avec moi
J'ai renoncé
J'ai choisi de faire un don au Temple de Maurice

Tu m'as personnellement pris l'argent des mains

Tard le soir
la nouvelle me parvient
par email
le coordinateur m'écrit
Guruji vous permet de participer
au pèlerinage

Quelle dure épreuve Tu m'as fait vivre
mon coeur se serre
Je T'avais donné l'argent pour le temple

Non
Je renonce
Je choisis de faire un don
Dix jours avec Toi c'est aller au Paradis
Mais je dois renoncer

Mon collier de perles est en Tulsi

J'ai pressenti ce qui allait se passer

je n'étais pas prête

L'esprit a construit le drame
J'ai refusé un énième déménagement

J'ai chuté violemment devant Toi

Mais Tu étais blindé
Tu ne voulais pas voir

Trois personnes ont dû m'aider à me
relever

Pleine de bleus de douleurs et solitaire
je T'ai poursuivi
jusqu'au portail de Ta maison

Ensuite
j'ouvre le paquet
depuis plusieurs mois il se trouvait
dans la maison de mes amies
vieilles chaussures en mauvais état

Le sang me montait au cerveau
Je me suis souvenue des paroles de
Giovanna d'il ya 20 ans elle me dit
je te vois âgée
avec ta canne et ton collier de perles
autour du cou

Les larmes coulent

Je tremble de colère

Le corps en souffrance
les genoux ne me soutiennent plus

J'ajoute encore quelques livres
aux deux valises déjà pleines
que mon amie tendre et attentionnée
va emporter
rien que Tes livres tant que Tu me
permettras de les avoir

Il fut un temps où les librairies pleines
régnait
dans ma maison spacieuse

Maintenant tout devra entrer dans deux
valises

sous le lit de mon amie

Je retourne à l'Ashram
inquiète prosternée
je récite le mantra

Les larmes continuent de couler
puis à nouveau l'anxiété la panique
m'envahit

Je demande encore de l'aide
Ton tableau la relique les Murtis
où finiront-ils
C'est tout ce que je possède de précieux

Mon amie me rassure
Je ne peux te dire non
Je continue de réciter le mantra

Mes genoux se sont transformés en
pierre

J'ai mal je me traîne

Tu ne descends pas
Je ne Te reverrai plus pendant des mois

Tu ne veux jamais me voir lorsque Tu
pars

Tard dans la nuit je rentre à la maison
J'allume mon portable
Ton Satsang* apparaît
Comment garder le drame sous
contrôle

Je me calme
J'ai construit mon propre théâtre de
l'apitoiement
J'ai déjà oublié que je me suis vouée à
Toi

Mon collier de perle maintenant est de
Tulsi**

***Satsang**: littéralement rencontre pour la vérité. Dans l'hindouisme rencontrer un
Maître spirituellement élevé est considéré une pratique spirituelle importante
pour connaître la Vérité ultime.
****Collier de Tulsi**: fabriqué à partir du bois du basilic sacré appelé Tulsi.

Février 2022

Sans ta Grâce

Je T'en supplie aide-moi
à ramasser mes morceaux
lorsque les attentes sont brisées
Hari* pour Toi
j'ai réduit tous mes biens à quatre
valises

Mais je suis toujours là à me désespérer
si Tu te voiles à moi

Travaillant sur mon Ego
chaque jour Tu brises mes rêves
Tu les stimules impérieusement
puis Tu les démolies

Je sais que c'est nécessaire

Avant Toi
afin de ne pas souffrir
j'ai toujours évité d' aimer et de désirer

Et maintenant après cinq ans avec Toi
je désespère encore de ne pas Te voir

---

*Hari: seigneur en sanskrit.

Tu as définitivement cassé les rives de
ma fierté

Quel karma m'empêche d'être près de
Toi
Seul l'espoir de me fusionner
éternellement en Toi
me garde en vie
Combien de fois désespérée par Ton
absence
j'ai appelé Ranganath

Malheureuse

Comment pourrais-je Te quitter
en sachant que Tu souffres pour nous
sur cette terre Tu restais

Je me suis souvenue
la fois où dans le Maharashtra
Lorsque solitaire devant moi
Tu t'es assis
les bras croisés
me regardant fixement
attristé parce que je me rebellais
et j'étais en colère contre Toi
Depuis ce jour-là

je me suis promise
que je t'aurais évité une telle peine
Seigneur
Tu ne supportes pas le moindre affront
de ma part
Tu n'acceptes aucune forme de réaction
Tu prétends uniquement acceptation et
vénération

Un jour dans le lobby de Srhee Peetha
Nilaya
Tu me l'as déclaré
en Te rapprochant de moi
pour me bénir le mala* de rudra**
Tu m'as répété
de ta part je veux uniquement Tulsi***

Et pendant que Tu t'éloignais rapidement
Tu m'as caressé le visage
Swami G qui T'accompagnait riait

---

*Mala**: terme sanskrit désignant une couronne utilisée pour la prière.
Rudra: Le mala rudra est attribué au Seigneur Shiva. Rudra est l'un des noms de la divinité indienne Shiva. Dans l'hindouisme le Dieu suprême Narayana s'exprime dans la création en trinité, il prend trois formes, Brahma, le créateur de l'Univers, Vishnu le conservateur et le gardien de l'univers, Shiva le destructeur, Shiva est l'une des trois formes du Dieu Suprême. Une forme puissante. Ascète Divin mais aussi destructeur cyclique de l'univers, pour qu'il recrée et régénère.
***La couronne de prière en bois de tulsi exprime une dévotion et un abandon absolus.

Hari
je sais c'est moi qui l'ai voulu
j'ai choisi le sacrifice

Inconditionnel
est l'Amour que j'ai pour Toi
Et Toi qui veux m'affiner pour Dieu
avec les larmes dans la gorge
Tu ne m'épargnes aucune épreuve
Comment puis-je raconter mes
souffrances

Nous savons que le Guru utilise tous
les moyens
afin de réunir une âme à Dieu

Pardonne moi je suis humaine
Sans Ta Grâce
Je ne peux m'élever

DIEU EST AMOUR INCONDITIONNEL

Dans l'hindouisme
Dieu n'est pas seulement un
observateur de la création
Il est aussi l'animateur

Il a fait le Big Bang

Il nous a mis hors de Lui
afin de vivre ensemble Sa création
et de revenir à Lui à travers l'Amour

Et nous a aussi fait don du libre arbitre
C'est donc à nous de décider dans quel
délai
nous voulons retourner auprès de Lui
8,5 millions de vies nous renaissons
avant d'arriver sur cette terre en tant
qu'être humain
Sur aucune autre planète
il n'est possible d'expérimenter
l'Amour
nous pouvons le faire uniquement sur
cette terre

L'être humain
parmi des millions d'espèces est
privilégié
il nous a créé à Sa propre image

Le Dieu hindou n'est pas seulement
une énergie immobile
Il demeure toujours en nous

Il vit à travers nous
sous la forme du Paramatma
accompagnant l'Atma
notre âme
En sanskrit l'âme incarnée
s'appelle Jivas
un sous-atome de l'Énergie primaire
une minuscule particule de Dieu en
nous

Et lorsque nous et cette terre
nous sommes en péril
alors Il descend sur terre pour nous
sauver

Il prend un corps humain
et le fait sous de nombreuses formes et
apparences

mais par Amour seulement par Amour
il se révèle humain

Et comme le Christ il se sacrifie pour
nous
Parce que seul le sacrifice produit
la délivrance le bien-être et l'Amour

Et cela dépendra de nous combien de
temps nous serons perdus dans la maya
de cette création

Dieu a un seul objectif vivre avec nous
l'Amour inconditionnel

Et lorsque nous avons dépassé les
limites
perdues dans le joug de millions de vies
Il descend et prend une forme humble
comme celle d'un simple Satguru pour
nous sauver
et nous remettre sur le chemin de
l'Amour inconditionnel
afin de nous ramener à Lui

Filles bien - aimées

Matthieu 10.32 - 10.39

10.32 Celui qui me reconnaîtra devant les hommes, moi aussi je le reconnaîtrai devant mon Père qui est aux cieux; 10.33 mais celui qui me reniera devant les hommes, je le renierai aussi devant mon Père qui est aux cieux.

10.34 Ne croyez pas que je sois venu apporter la paix sur terre; je ne suis pas venu apporter la paix, mais l'épée.

10.35 Car je suis venu séparer le *fils du père, la fille de sa mère, entre la belle-fille et sa belle-mère:*
Et les ennemis de l'homme seront ceux de sa maison.

10.36 Celui qui aime son père ou sa mère plus que moi, n'est pas digne de moi; celui qui aime son fils ou sa fille plus que moi, n'est pas digne de moi;

10.38 Et celui qui ne prend pas sa croix et ne me suit pas, n'est pas digne de moi.

10.39 Celui qui aura trouvé sa vie, la perdra: et celui qui aura perdu sa vie à cause de moi, la retrouvera

Au début de mon voyage vers Dieu
une profonde fracture a été créée entre
nous
J'étais devenue incompréhensible
vous m'avez perçue comme étant en
danger

La mère avait été arrachée par un Guru
et sa secte
La mère était conditionnée
Servante d'un jeune homme
qui s'est défini comme Maître

Amoureuse sans limite
La mère perdait son autonomie
pour un homme

Si au moins elle allait dans un couvent
pour vénérer Dieu
Au lieu de cela elle servait un homme
hindou
elle le servait comme Dieu
Elle qui vous a enseigné l'autonomie la
rébellion l'estime de soi
Elle qui ne se rabaissait devant aucun
homme
Elle athée féministe

Vous avez été alarmées par les proches
où sont passées toutes les propriétés et
tous les biens
Mes chères filles tout cela a été
vraiment difficile
pour vous et pour moi

Vous avez souffert j'ai souffert

Pendant près de 40 ans je vous ai donné
amour et service
et je vous ai confié entre de bonnes
mains
votre père vous accompagnait
Et mon Maître vous protège vous et tous mes
proches

La foi ne s'explique pas
L'appel de Dieu peut être foudroyant
comme ce qui est arrivé à Saint Paul

Vous étiez au courant
depuis longtemps je méditais
deux heures par jour
confinée dans la chambre en
méditation

Mais clairement vous ne saviez pas
que j'appelais Dieu comme une
désespérée
Je ne vous ai jamais dit
Je luttais chaque jour avec moi-même
pour contrer le désir de quitter cette vie
En ce qui me concerne j'avais terminé

mon cycle
Le profond désir de réaliser l'autre
dimension m'accompagnait
Mon âme épuisée par tant d'errance
elle cherchait Dieu
Et Il est arrivé
sous une forme humaine
sous la forme d'un simple Guru
tout comme Jésus
Krishna était un roi
Lui est un simple Guru
et il est là afin de nous ramener à Dieu
Mon âme désormais frémissait
ne pouvant plus supporter Sa distance
je l'ai appelé

Et Dieu est au-dessus de toutes
affections
Dieu veut totalité
Amour inconditionnel
Il arrache tous les liens
Les paroles du Christ sont claires
Je suis venu pour séparer
On ne peut pas atteindre l'Absolu
en maintenant les liens de la même
manière

Les paroles de Jésus
résonnent toujours en moi
Celui qui aime son fils ou sa fille plus
que moi
n'est pas digne de moi;
Celui qui perdra sa vie pour moi la
retrouvera

Je tente ce chemin difficile d'amour
inconditionnel
pour mon Maître
pour le seul homme que j'ai reconnu
Divin
Je Le suis depuis six ans et j'ai choisi le
chemin du sacrifice
Je me suis offerte à Lui
afin qu'il puisse travailler sur mon Ego
Le mien est le chemin de la dévotion
de la Bhakti de la mystique
C'est le chemin de l'abandon total à Lui
Chacun de nous sait où il veut et peut
arriver
Moi je peux me donner entièrement
J'ai la foi
Je sais qu'il ne m'abandonnera jamais
Qu'il m'accompagnera à chaque instant

Grâce à cette forme de dévotion
j'ai reçu l'immense Grâce
de pouvoir le ressentir à l'intérieur

Nous sommes deux

La dépendance
la question récurrente
que me posent toutes mes amies

Elles me disent
il y a une dépendance

Sincèrement
Je l'aimerais bien
J'aurais fini de me battre
Je ne percevrais plus le contraste
entre ma volonté et la Sienne
mon esprit en difficulté
à accueillir son travail sur mon ego

Mais je sais maintenant très bien
lorsque cela se produira nous serons
fusionnés
et nous irons vers d'autres sphères

Et Lui

Tant qu'il est sur la terre ne le désire pas
Il veut que nous soyons ensemble

Je disais hier à une amie
Lorsque j'étais souffrante
parfois je demandais à Sri Ranganath*
la forme de Dieu que j'imagine au
paradis
de venir me chercher

Je faisais souffrir mon bien-aimé
Gurudev
sachant qu'Il nous veut ici sur cette
terre
Aujourd'hui je ne le fais plus
Je ne perçois plus la différence
entre Lui et Sri Rangannath
Je sais qu'il est devenu homme
et j'ai la Grâce d' être
intérieurement
en communication avec Lui
Il me l'a accordé

Et je sais que je ne suis pas spéciale
Dieu est en chacun de nous

***Sri Ranganath**: une manifestation du Dieu Suprême,

Donc cela ne dépend que de nous
si nous voulons l'entendre
ou rester sourds à Ses appels
Si nous voulons l'entendre
immédiatement
ou si nous prenons un peu plus de
temps
Dieu respecte toujours notre volonté
Il veut que nous soyons libres
Il veut que nous choisissions de nous
consacrer à Lui

Dieu n'a pas besoin de lever le doigt
pour mettre fin
au théâtre humain
Il peut le faire à tout moment
Cependant
Il désire que nous parvenions à Lui
par choix d'Amour
Libre pas enchaînés

Si je parlais d'un Dieu abstrait
peut-être que beaucoup de gens me
comprendraient
Mais je parle d'un Satguru de mon
Maître
que je considère Dieu descendu sur

terre
qui parle le même langage que le Christ
qui accomplit des miracles comme le
Christ
Et ce sera à la postérité de recueillir les
traces
qu'Il laissera sur cette terre
La foi ne s'explique pas
J'ai la foi
Je fais l'expérience tous les jours de Sa
Grâce
de Son Amour
Filles bien-aimées
vous êtes toujours dans mon coeur

À Gurudev

Toi qui me combles de joie au
quotidien

Toi qui es le début et la fin de mes jours

Fais que mon souffle soit dirigé vers
Toi

Fais que la Maya quotidienne
ne détourne pas mon attention de Toi

De la fenêtre de ma chambre
je regarde les premiers bourgeons
apparaître sur les arbres

La courbe de la route apparaît
souveraine

Ton visage se montre souriant
Tu regardes avec moi

Durant ces jours Tu m'as bénie
je n'ai plus besoin de chercher Ton
image

Ton profil maintenant apparait
spontanément
Tu apprécies la vue panoramique avec
moi

Mon Amour
je ne me pose plus la question pour quel
raison le paysage
de ma fenêtre est toujours une route
cette fois-ci une charmante route
bordée d'arbres
Peu importe savoir
Tout ce dont j'ai besoin je l'obtiens

Tu sais

Hari
ne m'intéresse plus La libération
ne m'intéresse plus l'illumination
J'ai mis mon Dharma à Tes pieds
La seule peine que j'éprouve est
de ne pas être près de toi
toujours

Chaque petite molécule de Toi est
sacrée pour moi
Je ressens une immense joie en Ta

présence

Hari
ce n'est pas suffisant de
T'avoir en moi
Il ne me reste qu'un seul but dans la vie
me fondre en Toi

Et j'attends le jour où Tu me l'accordera

Treize Juillet

Ce soir je suis tombée en catalepsie
soudainement Il est apparu

En titubant j'ai cherché un appui
sur les pierres de Sri Panduranga*

Il s'est arrêté devant le Temple
À genoux
j'étais éblouie par tant de beauté

Lumineux comme jamais
Il a regardé vers moi

En appréciant les ornements des
Deities
À haute voix
nice
Il a commenté en me souriant

Aucun son n'est sorti de mes cordes
vocales
Étonnée

---

*Sri Panduranga: une manifestation du Dieu Krishna.

Sri Ranganath*
c'est comme ça que je Te vois
Mon imagination ne peut aller plus loin
de la magnificence de mon Satguru

Sa silhouette était floue
alors qu'Il s'éloignait
l'émotion avait envahi mes yeux

Quel enchantement s'est produit par
lequel
je me prosternerai à tes pieds toujours
éternellement reconnaissante
pour le don de fouler sur la terre
que Tu foules

*Sri Ranganath: une forme du Dieu Suprême, Narayana.

Photo de la murti de Sri Ranganath au temple de l'île Maurice,
avec le visage de Guruji en sur impression.

*"Un jour, dans ma maison, cette lumière
est apparue sur la photo".*

Anna Raffaella Belpiede

ANNEXE

Paramahamsa Sri Swami Vishwananda

REMERCIEMENTS

Je remercie tout particulièrement ma chère amie et marraine de cette édition française, Patricia Pertosa. Patricia a traduit ce livre dans son intégralité. En poésie, la traduction est un art, c'est la composition d'une oeuvre, et Patricia l'a fait avec amour. Elle a produit une traduction qui reflète profondément le contenu et la forme des récits poétiques. Je lui en suis profondément reconnaissante.

Je remercie Bhakti Marga Event GmbH pour leur généreuse autorisation d'utiliser les photos de Paramahamsa Sri Swami Vishwananda, qui enrichissent profondément cet ouvrage.

Je remercie tout particulièrement Laura Taberner, apparue soudainement dans ma vie et proposant d'éditer mon livre. Un cadeau spécial que le Maître m'a envoyé. Laura travaille sur mon livre avec professionnalisme, amour et patience.

NOTE DU TRADUCTOR

Patricia Pertosa

Que dire?
Ce livre m'a pris le coeur.
J'ai saisi une vérité profonde dans ces versets.
J'ai saisi la main du Maître. Mon âme aspirait à le traduire,
c'était un seva pour Guruji, qui a béni ce livre.
Et j'éprouve un amour profond pour Anna Raffaella.
Des connexions d'âmes anciennes nous unissent.
J'ai essayé avec amour.
Guruji nous a guidées toutes les deux.
Un voyage de l'âme.

NOTE DE LA MAQUETTISTE

Laura Taberner

Parfois, les réponses à nos prières viennent de la manière la plus inattendue.

Après un Darshan, j'ai demandé à Guruji plus d'opportunités de Le servir—et moins de 24 heures plus tard, Anna est apparue dans ma vie.

Dès le début, sa gentillesse et son esprit humble m'ont marqué. Elle porte en elle une pureté et une dévotion rares, à la fois inspirantes et profondément ancrées.

C'est une véritable bénédiction de l'accompagner dans le partage de son œuvre. Je suis reconnaissant d'avoir eu l'opportunité d'offrir ce Seva et de voir sa lumière toucher de plus en plus de personnes.

Amour à tous, et Jai Gurudev!

Biographie d'Anna Raffaella

Anna Raffaella Belpiede

Anna Raffaella Belpiede, est sociologue, formatrice, écrivaine et poétesse. Elle s'est particulièrement consacrée à l'étude de l'interculturalité et de la médiation culturelle.

Elle a initié plusieurs projets importants pour des institutions telles que la municipalité de Turin, la municipalité d'Ancône, la région du Piémont et l'Union européenne, visant à favoriser le dialogue entre les cultures.

Aujourd'hui sous le nom spirituel de Dehahrid Deepika Dasi elle est nonne dans l'ordre spirituel de Paramahamsa Sri Swami Vishwananda.

Œuvres principales d'Anna Raffaella

Essais:

- *Médiation culturelle, expériences et stages* (Bibliothèque de l'Utet, 2002)
- *Projet Midab. Les fils brisés de la deuxième génération et le défi du protagoniste* (Ville de Turin, Commission européenne, 2001)
- *Le métier de médiateur culturel* (Association Alma Terra, Région Piémont, 1999)

Poésie et récits poétiques:

- *L'amour des femmes* (Lieto Colle Éditeur, 2011)
- *Torino da bere* (Genesi Editrice, Turin, 2015)
- *Silence assourdissant* (Genesi Editrice, Turin, 2016)

Ses poèmes figurent également dans divers recueils, dont ceux de Giulio Perrone, du Concours Lingua Madre et de l'Encyclopédie de la poésie contemporaine de la Fondation Mario Luzi.

Si vous souhaitez recevoir plus d'informations, contactez Anna Raffaella ici: ***annaraffaella.belpiede@gmail.com***

Contenu Du Livre

Les Poèmes:

Merci de votre lecture!

Si ce livre vous a touché, inspiré, ou questionné, faites entendre votre voix!

➤ Partagez vos impressions et rejoignez l'aventure:

Retrouvez Anna Raffaella sur Facebook:
www.facebook.com/anna.belpiede

Écrivez-lui directement par e-mail – elle répond avec plaisir!
annaraffaella.belpiede@gmail.com

➤ Ne manquez rien! Rejoignez dès maintenant notre groupe Telegram pour:

Découvrir en avant-première ses prochaines œuvres
Plonger dans les coulisses de sa création
Trouver une dose d'inspiration au quotidien

Votre aventure avec Anna Raffaella ne fait que commencer... Rejoignez-nous!

UNE INVITATION À DÉCOUVRIR UN MAÎTRE DONT LA MISSION EST DE GUIDER CHACUN VERS L'AMOUR DIVIN!

Pour en savoir plus sur *Paramahamsa Sri Swami Vishwananda*, son enseignement et ses événements, visitez son site officiel, sa chaîne YouTube ou consultez son agenda pour recevoir son Darshan.

www.bhaktimarga.org

www.youtube.com@ParamahamsaVishwananda108

RÉSUMÉ

Que se passe-t-il lorsque, à 70 ans, une femme passionnée, féministe et athée croise le chemin d'un Maître spirituel hindouiste, Paramahamsa Sri Swami Vishwananda? Ce récit est l'histoire d'une rencontre qui transforme une vie, d'une âme qui, prisonnière du tumulte quotidien, découvre enfin l'envol de la liberté spirituelle.

Avec une plume empreinte de poésie, d'ironie et de profondeur, Sœur Dehahrid Deepika Dasi (née Anna Raffaella Belpiede) raconte son cheminement vers le Dévouement et l'Amour, à travers une relation unique avec un Maître dont l'unique mission est de guider l'humanité vers Dieu.

À travers des anecdotes légères et profondes, ce livre dévoile les différentes facettes de la relation maître-disciple: la joie et l'abandon du disciple, l'amour exigeant du Maître, ses épreuves et sa bienveillance constante.

Un voyage initiatique, un témoignage vibrant, une invitation à explorer une relation d'amour qui dépasse l'éphémère et la matière.